Russe

Débutants

Victoria Melnikova-Suchet

À propos de ce cahier

Ce cahier ne requiert aucune connaissance préalable du russe. Il ne demande pas non plus, pour son utilisation, l'aide d'un dictionnaire ou d'un autre support. Les leçons sont conçues de telle sorte que vous commenciez vraiment de zéro et progressivement, vous acquérez des bases de la langue russe : la phonétique, le déchiffrage du cyrillique et la grammaire. Les exercices simples et efficaces vous permettront de travailler les règles expliquées brièvement et d'apprendre le vocabulaire nécessaire aux premières étapes de la compréhension. Les mots sont introduits au fur et à mesure, les leçons suivantes utilisent le lexique des précédentes pour vous permettre d'avancer : il est donc nécessaire de suivre le cours des leçons l'une après l'autre. Des banques de mots vous offrent le vocabulaire regroupé autour de différents thèmes de la vie quotidienne et qui est souvent retravaillé à travers les exercices. Malgré le petit volume, vous y trouverez toutes les notions basiques du russe : genre, conjugaison, déclinaison, nombre, règles de lecture et autres.

Pour faciliter votre apprentissage de la lecture, nous proposons tout au long de l'ouvrage la phonétique en utilisant les lettres françaises et quelques signes (', lettres en exposant, traits d'union). Lisez attentivement le tableau de prononciation aux pages 4-5 et n'hésitez pas à y revenir si vous en avez besoin. La phonétique proposée est bien entendu approximative, mais elle vous permettra de vous exprimer et d'être compris par un interlocuteur russophone.

L'accent tonique est marqué par les soulignements dans les mots russes et leur phonétique. Si l'accent se déplace lors de la déclinaison ou la conjugaison du mot, vous le trouverez également en soulignement dans le mot « incomplet » de l'exercice.

Enfin, nous vous proposons d'effectuer votre autoévaluation : après chaque exercice, dessinez l'expression de vos icônes (☺ pour une majorité de bonnes réponses, 😐 pour environ la moitié et ☹ pour moins de la moitié). À la fin de chaque chapitre, reportez le nombre d'icônes relatives à tous les exercices et, en fin d'ouvrage, faites les comptes en reportant les icônes des fins de chapitre dans le tableau général prévu à cet effet.

Sommaire

1. Alphabets, lettres, sons 3
2. Lisons ensemble 10
3. Le nominatif, le masculin singulier, animé-inanimé 14
4. Le nom féminin singulier — Les mots interrogatifs 19
5. Le nom neutre singulier — Les pronoms personnels
   — La négation 23
6. Le pluriel des noms masculins — L'incompatibilité
   orthographique 27
7. Le pluriel des noms féminins — Les pronoms
   personnels 33
8. Le pluriel des noms neutres — Les adjectifs
   possessifs 37
9. L'accord en genre et en nombre de l'adjectif 43
10. Le verbe au présent et la conjugaison du premier groupe 50
11. La conjugaison du deuxième groupe — Les chiffres 56
12. La négation — Le verbe être — Les verbes réflexifs
    — Les ordinaux 62
13. Les verbes de position — Verbes perfectifs et imperfectifs 69
14. Les verbes irréguliers — Le passé 76
15. La déclinaison des pronoms personnels — Le nominatif
    — Le datif 83
16. Le locatif — Prénoms et patronymes — Déclinaison des pronoms
    interrogatifs 90
17. Le génitif singulier et pluriel 97
18. L'accusatif — La localisation avec ou sans mouvement
    — Les adverbes 104
19. L'instrumental — L'accord des nombres 110
20. La déclinaison des adjectifs — L'accord des ordinaux 116
Solutions 123
Tableau d'autoévaluation 128

1
Alphabet, lettres, sons

L'alphabet russe contient 33 lettres et 42 sons :
- 10 voyelles
- 20 consonnes
- ь, ъ (lettres qui ne se prononcent pas)
- й

Prononciation et lecture

- Toutes les lettres (sauf ь et ъ) se prononcent, y compris en fin de mot : **привет** [privi<u>é</u>t], *salut* ; **вас** [vass], *vous* (COD). Autrement dit, une lettre correspond à un son. Seulement deux lettres (ь et ъ) ne se prononcent pas quand elles sont isolées. Pensez à nos signes diacritiques : ils sont « muets » mais modifient la prononciation d'une lettre quand ils y sont attachés. Ainsi, le signe mou ь « ramollit » la lettre qui le précède tandis que le signe dur ъ laisse la lettre qui le suit « dure ».
- L'accent tonique n'est pas fixe et peut se déplacer lors de la déclinaison et de la conjugaison des mots. Pour l'indiquer, les lettres ou les sons à accentuer seront soulignés.

Lire en cyrillique n'est pas aussi difficile que cela en a l'air. De nombreuses lettres sont presque identiques aux lettres latines et d'autres s'apprennent très facilement.

1 Déchiffrez les lettres suivantes.
Ex. м → m

a. а → ....
b. о → ....
c. т → ....
d. с → ....
e. к → ....
f. м → ....
g. п → ....

CHAPITRE 1 : ALPHABET, LETTRES, SONS

Voici l'alphabet russe. Étudiez bien la manière dont se prononcent les lettres dans les mots.

Lettre russe	Nom de la lettre	Son dans un mot	Exemple de prononciation/ explication	Exemple dans les mots russes
Аа	a	**a, i** (en position non accentuée devant l'accent)	h**a**cher	**а**вгуст [**a**vgoust], *août* ч**а**сы [tch**i**ssy], *montre*
Бб	bê	**b, p** (en fin des mots ou devant une sourde)	**b**arre, **p**erdre	**б**ак, [**b**ak], *bac* ю**б**ка [iou**p**ka], *jupe*
Вв	vê	**v, f** (en fin des mots ou devant une sourde)	**v**élo, **f**roid	**в**от [**v**ot], *voilà* остро**в** [ostra**f**], *île*
Гг	guê	**g/gu, k** (en fin des mots ou devant une sourde)	**g**orge/**gu**êpe, **k**angourou	**г**руша [**g**roucha], *poire* кру**г** [krou**k**], *rond, bouée (de sauvetage)*
Дд	dê	**d, t** (en fin des mots ou devant une sourde)	a**d**orer, **t**ort	**д**ом [**d**om], *maison* мё**д** [mio**t**], *miel*
Ее	ié	**ié, i, y** (en position non accentuée), **ê** (souvent après **ж** et **ш**)	**ié**na	ап**е**ка [apt**ié**ka], *pharmacie* ан**е**кдот [an**i**kdot], *blague* жен**и**х [j**y**niH], *fiancé* блюдц**е** [blioutc**ê**], *soucoupe*
Ёё	io	**io**	id**io**t	д**ё**шево [d**io**chêva], *bon marché*
Жж	jê	**j, ch** (en fin des mots ou devant une sourde)	**j**eton/**ger**me, **ch**at	**ж**ивот [**j**yvot], *ventre* эта**ж** [ita**ch**], *étage*
Зз	zê	**z, s** (en fin des mots ou devant une sourde)	**z**oo, **s**ac	**з**ал [**z**al], *salle* га**з** [gas**s**], *gaz*
Ии	i	**i, y** (après **ж** et **ш**)	**i**vre	**и**кона [**i**kona], *icône* ж**и**ть [j**y**tˢ], *vivre* маш**и**на [mach**y**na], *voiture*
Йй	ille	**ï**	bonsa**ï**/a**il**	зимо**й** [zimo**ï**], *en hiver* ма**й** [ma**ï**], *mai*
Кк	ka	**k**	**k**épi	**к**от [**k**ot], *chat*
Лл	èl	**l**	**l**ié, **l**ouer	**л**ес [**l**iéss], *forêt* **л**огика [**l**oguika], *logique*
Мм	èm	**m**	**m**ère	**м**ост [**m**ost], *pont*
Нн	èn	**n**	**n**ote	**н**ос [**n**oss], *nez*
Оо	o	**o/a** (en position non accentuée), **a** (non accentué en fin des mots)	p**o**rt	х**о**р**о**ш**о** [H**a**r**a**ch**o**], *bien* вес**е**л**о** [viéssil**a**], *gai*

CHAPITRE 1 : ALPHABET, LETTRES, SONS

Lettre russe	Nom de la lettre	Son dans un mot	Exemple de prononciation/ explication	Exemple dans les mots russes
Пп	pê	p	**p**a**p**e	**п**ар**к** [park], *parc*
Рр	èr roulé	r	r roulé comme celui de l'italien : « buongio**r**no », « **pr**onto »	**р**о**з**а [roza], *rose*
Сс	ès	s/ss	**s**alut, ma**ss**e	**с**умка [soumka], *sac*
Тт	tê	t	**t**orride	**т**ари**ф** [tarif], *tarif*
Уу	ou	ou	b**ou**le	**у**ро**к** [ourok], *leçon*
Фф	èf	f	**f**racas	**ф**рукт [froukt], *fruit*
Хх	(k)ha	H	comme le « do**ch** » allemand, « **J**uan » espagnol	**х**имия [Himi-ia], *chimie*
Цц	tsê	ts	mouche **ts**é-**ts**é, **ts**ar	**ц**вет [tsviét], *couleur*
Чч	tché	tch	**tch**ao, **tch**èque	**ч**ас [tchass], *heure*
Шш	cha	ch	**ch**ar	**ш**акал [chakal], *chacal*
Щщ	chtcha	schi	**ch**ien	бор**щ** [borstch], *bortsch* (soupe russe à la betterave) я**щ**ик [iachik], *tiroir*
ъ	Le signe dur	°	pas de prononciation propre	об**ъ**яснять [ab°ïisniatˢ], *expliquer*
ы	i dur (entre **ou** et **i**)	y	il n'y a pas d'équivalent, se prononce entre **ou** et **i** français	час**ы** [tchissy], *montre*
ь	Le signe mou	i / gne / ' / s selon le contexte	pas de prononciation propre	обув**ь** [boufⁱ], *chaussures* осен**ь** [ossigne], *automne* лошад**ь** [lochatˢ], *cheval*
Ээ	ê	ê/i (en position non accentuée)	**ê**tre, p**i**que	**э**то [êta], *ce, c'est* **э**кзамен [igzamin], *examen*
Юю	iou	iou	p**iou**p**iou**	**ю**мор [ioumar], *humour*
Яя	ia	ia/i (en position non accentuée devant l'accent), yi (en position non accentuée au début du mot)	**ia**mbe, péd**ia**tre, p**i**quer	**я**сно [iasna], *clair* дев**я**тнадцать [divitnatsatˢ], *dix-neuf* **я**зык [yizyk], *langue*

CHAPITRE 1 : ALPHABET, LETTRES, SONS

2 Transcrivez les syllabes suivantes en lettres latines.
Ex. ма → ma

a. ла → ....
b. но → ....
c. та → ....
d. во → ....
e. ку → ....

f. си → ....
g. то → ....
h. ша → ....
i. пи → ....
j. ре → ....

3 Déchiffrez les syllabes suivantes.
Ex. тот → tot

a. сук → ....
b. поп → ....
c. ата → ....
d. мос → ....
e. вот → ....

f. пин → ....
g. рум → ....
h. лам → ....
i. нам → ....
j. зок → ....

Les nasales

Les sons nasaux n'existent pas en russe (en tout cas, pas au sens où on l'entend pour les nasales françaises). Faites attention à bien prononcer les combinaisons de lettres suivantes : **an** dans **Александр** [aliksa-ndr], *Alexandre* ; **am** dans **там** [ta-m], *là-bas* ; **on** dans **он** [o-n], *lui* ; **ien** dans **студент** [stoudié-nt], *étudiant*, etc.

4 Lisez ces syllabes à voix haute, en prononçant distinctement le **н** final.

a. вон
b. сен
c. рун
d. бан
e. тэн

f. вен
g. мун
h. он
i. лен
j. сан

CHAPITRE 1 : ALPHABET, LETTRES, SONS

5 Reliez les bulles pour faire correspondre les sons aux syllabes.

a. бах b. вит c. гра d. ден e. ёж f. зву g. лик h. мар i. тук j. мус

1. [dién] 2. [ioj] 3. [lik] 4. [vit] 5. [mous] 6. [mar] 7. [bah] 8. [touk] 9. [gra] 10. [zvou]

Vous voyez, il n'est pas difficile de lire le russe. Entraînez-vous avec ces syllabes pour bien maîtriser les lettres. Lorsque des lettres qui se suivent se prononcent d'une manière séparée, distincte, nous mettons dans la transcription phonétique un trait d'union : ст**а**нция [st**a**ntsy-ia], *station.*

Banque de mots

Росси́я [rass**i**-ia], *Russie*
ру́сский язы́к [r**o**uskiï yiz**y**k], *langue russe*
Спаси́бо! [spass**i**-ba], *merci !*
До свида́ния! [das-vid**a**nia], *au revoir !*

Consonne molle ou dure

Les 20 consonnes donnent 36 sons ; en effet, 15 des 20 consonnes peuvent être molles ou dures selon la voyelle qui les suit. La lettre **м**, par exemple, ne se prononce pas de la même façon dans les deux mots suivants : **мал** [mal], *petit*, et **мял** [mial], *[il] froissait.*

6 Lisez ces syllabes à voix haute, en respectant la différence de prononciation.

a. ту – тю   e. лэ – ле
b. ма – мя   f. ты – ти
c. со – сё   g. ву – вю
d. мы – ми

CHAPITRE 1 : ALPHABET, LETTRES, SONS

Consonnes sourdes ou sonores ?

- La plupart des consonnes russes fonctionnent par paires : à une consonne sonore (la voix participe à l'articulation du son) correspond une consonne sourde (la voix est omise lors de l'émission du son). Cette alternance se remarque dans les mots où la consonne sonore se trouve en position finale (ou est suivie par le signe mou **ь**) ou devant une consonne sourde. La prononciation de la lettre est alors altérée.
Prenons par exemple la paire **б-п** : **бум** [boum], *boum*, mais **зуб** [zoup], *dent*, **юбка** [ioupka], *jupe*. Dans d'autres mots, la lettre sonore va « contaminer » la sourde qui la précède : **сделать** [zdiélat[s]], *faire*.

- Les « sonores » **б, в, г, д, ж, з** s'assourdissent en position finale ou devant une consonne sourde et se prononcent alors comme leur équivalent sourd :

Sonore	б	в	г	д	ж	з
↓	↓	↓	↓	↓	↓	↓
Sourde	п	ф	к	т	ш	с

(Exception : **Бог** [boH], *Dieu*)

- Certaines consonnes ne fonctionnent pas par paires, néanmoins elles sont sonores (**л, м, н, р**) ou sourdes (**х, ц, ч, щ**). Ces lettres ont toujours la même prononciation.

7 Mettez dans le verre de droite les mots contenant des consonnes sonores qui deviennent sourdes et dans celui de gauche les mots contenant des consonnes qui ne changent pas.

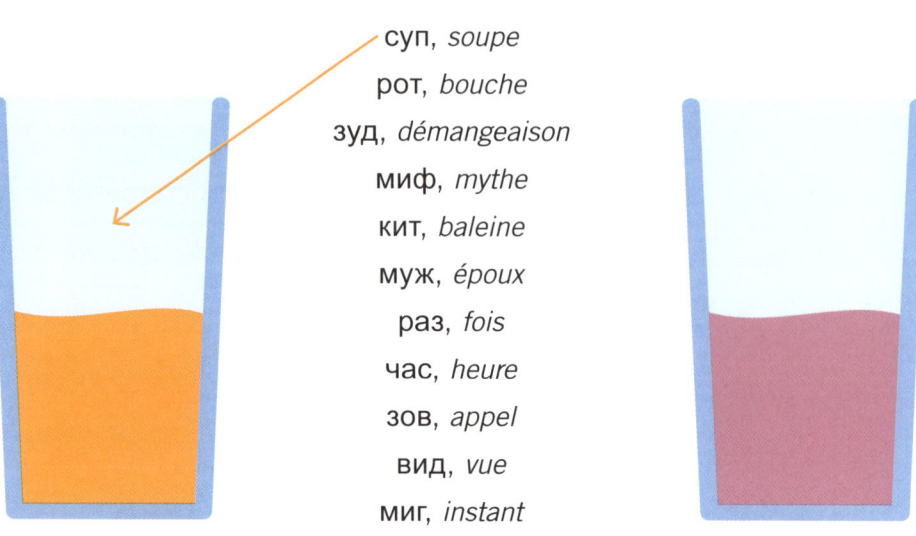

суп, *soupe*
рот, *bouche*
зуд, *démangeaison*
миф, *mythe*
кит, *baleine*
муж, *époux*
раз, *fois*
час, *heure*
зов, *appel*
вид, *vue*
миг, *instant*

CHAPITRE 1 : ALPHABET, LETTRES, SONS

8 Choisissez la bonne transcription pour les syllabes suivantes.

a. фо	1. [vo]	2. [fo]	3. [po]	f. му	1. [my]	2. [mou]	3. [mu]
b. ха	1. [ka]	2. [ta]	3. [Ha]	g. ач	1. [ach]	2. [ast]	3. [atch]
c. це	1. [sé]	2. [tsê]	3. [tsa]	h. ща	1. [tcha]	2. [schia]	3. [cha]
d. ча	1. [tcha]	2. [cha]	3. [sia]	i. ть	1. [ts]	2. [ti]	3. [t^s]
e. вы	1. [vy]	2. [vi]	3. [vu]	j. эх	1. [êH]	2. [êt]	3. [êks]

Bravo, vous êtes venu à bout du chapitre 1 ! Il est maintenant temps de comptabiliser les icônes et de reporter le résultat en page 128 pour l'évaluation finale.

2 Lisons ensemble

L'accent tonique

Souvenez-vous que l'accent russe est mobile. Nous vous indiquons la syllabe accentuée en la soulignant. Il faut prononcer cette syllabe d'une manière accentuée, presque en s'attardant dessus.

Lisons ensemble, en commençant par des mots simples. Si vous les déchiffrez correctement, vous trouverez sans problème leur sens.

Retenez que la lettre **o** non accentuée se prononce [a] ; le **e** sans accent se prononce [i] ou [^{ié}] ([ié] très atténué).

Notez qu'il n'y a pas de diphtongues en russe et que les consonnes finales se prononcent.

1 Lisez les mots suivants et traduisez-les.
Ex. м<u>а</u>ма → [m<u>a</u>ma], *maman*

a. нет → ....
b. п<u>а</u>па → ....
c. л<u>а</u>мпа → ....
d. шок → ....
e. бан<u>а</u>н → ....
f. в<u>и</u>за → ....
g. банк → ....
h. текст → ....

2 Lisez les mots à haute voix en appliquant la règle que vous venez d'apprendre. La lettre à accentuer est soulignée. Ex. л<u>е</u>то, *été* → [li<u>é</u>ta]

a. г<u>о</u>лос, *voix*
b. он<u>а</u>, *elle*
c. <u>о</u>пера, *opéra*
d. <u>э</u>то, *cela*
e. те<u>а</u>тр, *théâtre*
f. конц<u>е</u>рт, *concert*
g. телеф<u>о</u>н, *téléphone*

CHAPITRE 2 : LISONS ENSEMBLE

3 Placez les mots dans l'ordre alphabétique, en vous aidant de l'alphabet donné dans la leçon précédente.

вот, *voilà* • мост, *pont* • он, *lui* • кот, *chat* • б<u>о</u>мба, *bombe*
пол, *sol* • дом, *maison* • лес, *forêt* • ель, *sapin* • зонт, *parapluie*

1.	6.
2.	7.
3.	8.
4.	9.
5.	10.

Rappelez-vous que la plupart des consonnes sonores s'assourdissent à la fin des mots ou devant une consonne sourde (voir la leçon précédente). L'accent tonique, que nous vous indiquons en soulignant les lettres à accentuer, n'est jamais indiqué dans les mots monosyllabiques car cette unique syllabe est forcément accentuée.

4 Lisez à voix haute les mots russes suivants.
   a. газ, *gaz*
   b. лодка, *barque*
   c. краб, *crabe*
   d. шанс, *chance*
   e. такси, *taxi*
   f. бил<u>е</u>т, *billet*

5 Reliez les mots et les images, lisez-les à voix haute et traduisez-les.

a. анан<u>а</u>с
b. р<u>о</u>за
c. стоп
d. жир<u>а</u>ф
e. спорт
f. лун<u>а</u>
g. кост<u>ю</u>м
h. гит<u>а</u>ра

CHAPITRE 2 : LISONS ENSEMBLE

Banque de mots

Привет! [priviét], *salut !*
здесь [zdiéss'], *ici*
там [tam], *là-bas*
вот [vot], *voilà*
кофе [kofié], *café*

6 Écrivez ces mots en russe (chaque tiret correspond à une lettre).
Ex. *stop* → стоп

a. *soupe* → _ _ _ _
b. *chef* → _ _ _ _
c. *iode* → _ _ _
d. *football* → _ _ _ _ _ _ _
e. *code* → _ _ _
f. *basse* → _ _ _
g. *type* → _ _ _

7 Choisissez la bonne transcription des mots suivants.

a. студент, *étudiant*
1. [stoudiént]
2. [chtoudiént]
3. [stoudint]

b. сахар, *sucre*
1. [kakhar]
2. [sahap]
3. [saHar]

c. Москва, *Moscou*
1. [maskva]
2. [maskba]
3. [moskva]

d. идея, *idée*
1. [idié-a]
2. [idié-ia]
3. [idi-a]

e. математика, *mathématiques*
1. [motiématika]
2. [matimatika]
3. [matimatiéka]

f. минута, *minute*
1. [mynouta]
2. [minuta]
3. [minouta]

g. почти, *presque*
1. [patchti]
2. [pachti]
3. [patchi]

h. фотография, *photographie*
1. [fotografi-ia]
2. [fatagrafi-ia]
3. [fotografi-ia]

i. дискотека, *discothèque*
1. [diskotiéka]
2. [diskatika]
3. [diskatiéka]

CHAPITRE 2 : LISONS ENSEMBLE

8 Écrivez les mots russes correspondant aux images. Chaque case représente une lettre.

a. ☐☐☐☐☐

b. ☐☐☐

c. ☐☐☐☐☐

d. ☐☐☐☐☐☐

e. ☐☐☐☐☐☐☐☐☐

f. ☐☐☐☐

Bravo, vous êtes venu à bout du chapitre 2 ! Il est maintenant temps de comptabiliser les icônes et de reporter le résultat en page 128 pour l'évaluation finale.

13

Le nominatif, le masculin singulier, animé-inanimé

Le nominatif

Les noms russes se déclinent, ce qui se manifeste par les changements de fin du mot selon sa fonction dans la phrase. Il existe 6 cas : nominatif, génitif, datif, accusatif, instrumental et prépositionnel (appelé également locatif). Pour le moment, nous allons étudier tous les mots au nominatif, tels qu'on les trouve dans le dictionnaire.

1 Complétez les mots suivants au nominatif avec les lettres manquantes, en vous aidant de la traduction française. Rassurez-vous : il s'agit des mêmes lettres qu'en français ! Chaque tiret correspond à une lettre.

a. м __ сс __ ж [mass<u>a</u>j], *massage*

b. б __ м __ а [b<u>o</u>mba], *bombe*

c. __ __ д [guit], *guide*

d. л __ м __ а [l<u>a</u>mpa], *lampe*

e. __ е __ то __ __ н [ristar<u>a</u>n], *restaurant*

f. __ е __ ра [zi<u>é</u>bra], *zèbre*

g. __ о __ о __ ад [chykal<u>a</u>t], *chocolat*

h. р __ __ __ р [rad<u>a</u>r], *radar*

Le masculin singulier

La langue russe possède trois genres : le masculin, le féminin et le neutre.
Nous classerons les mots, selon leur terminaison, en « mous » ou en « durs ». Il s'agit d'une distinction conventionnelle qui influence le choix de la terminaison lors de la déclinaison.

Les mots masculins se terminent par :
- une consonne (terminaison « zéro ») ;
- **й** ;
- **а/я** pour certains mots.

Les masculins durs se terminent par une consonne ou **а**.
Les masculins mous se terminent par **й** ou **я**.

Les mots qui se terminent par **а/я** sont des « masculins logiques » :
папа [p<u>a</u>pa], *papa* ; **дядя** [di<u>a</u>dia], *oncle*.

CHAPITRE 3 : LE NOMINATIF, LE MASCULIN SINGULIER, ANIMÉ-INANIMÉ

2 Placez les fruits et légumes dans le bon panier.

a. банан [banan], *banane*

b. сельдерей [sildiriéï], *céleri*

c. картофель [kartofilʲ], *pomme de terre*

d. арбуз [arbouss], *pastèque*

e. помидор [pamidor], *tomate*

f. лук [louk], *oignon*

g. щавель [schiviélʲ], *oseille*

h. огурец [agourets], *concombre*

i. лук-порей [loukpariéï], *poireau*

MASCULIN MOU

MASCULIN DUR

3 Parmi les mots proposés, choisissez uniquement les noms masculins.

a. глаз [glass], *œil*

b. вода [vada], *eau*

c. окно [akno], *fenêtre*

d. нос [noss], *nez*

e. стул [stoul], *chaise*

f. машина [machyna], *voiture*

g. пульт [poulʲt], *télécommande*

h. река [rika], *rivière*

i. стол [stol], *table*

j. огонь [agogne], *feu*

k. сестра [sistra], *sœur*

l. папа [papa], *papa*

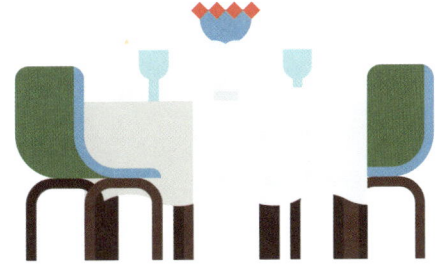

CHAPITRE 3 : LE NOMINATIF, LE MASCULIN SINGULIER, ANIMÉ-INANIMÉ

 Reliez les mots à leur traduction. Indiquez les noms masculins.

a. театр
b. масса
c. борщ
d. зебра
e. идея
f. дискотека
g. царь
h. мимоза
i. тест
j. физика

• 1. *mimosa*
• 2. *bortsch* (soupe russe)
• 3. *idée*
• 4. *test*
• 5. *masse*
• 6. *tsar*
• 7. *zèbre*
• 8. *physique*
• 9. *discothèque*
• 10. *théâtre*

 Parmi les animaux ci-dessous, lesquels sont masculins en russe ?

a. лев [liéf], *lion*
b. собака [sabaka], *chien*
c. кот [kot], *chat*
d. кролик [krolik], *lapin*
e. коза [kaza], *chèvre*

f. петух [pitouH], *coq*
g. конь [kogne], *cheval*
h. крокодил [krakadil], *crocodile*
i. корова [karova], *vache*

Banque de mots

кто [kto], *qui*
что [chto], *quoi*
так [tak], *ainsi*
быстро [bystra], *vite*
сейчас [sitchass], *maintenant*

Animé et inanimé

Les noms russes peuvent être animés ou inanimés. Pour les « animés », on pose la question **кто?** [kto], *qui ?* et pour les « inanimés », la question **что?** [chto], *quoi ?*

Sachez que le verbe *être* est omis au présent. Du coup, le mot **это** [êta], *cela* est bien utile : il suffit de l'ajouter devant un nom pour dire *c'est*. Ainsi : **это кот** [êta kot], *c'est un chat* ; **это книга** [êta kniga], *c'est un livre*.

CHAPITRE 3 : LE NOMINATIF, LE MASCULIN SINGULIER, ANIMÉ-INANIMÉ

6 Posez la bonne question pour les mots suivants, puis entourez le mot masculin.
Ex. Кто э́то? [kto êta], *qui est-ce ?* → Э́то ма́ма [êta mama], *c'est maman.*
Что э́то? [chto êta], *qu'est-ce que c'est ?* → Э́то (стол) [êta stol], *c'est une table.*

a. .... э́то? → Э́то соба́ка [êta sabaka], *c'est un chien.*
b. .... э́то? → Э́то стул [êta stoul], *c'est une chaise.*
c. .... э́то? → Э́то президе́нт [êta prizidiént], *c'est un président.*
d. .... э́то? → Э́то врач [êta vratch], *c'est un médecin.*
e. .... э́то? → Э́то окно́ [êta akno], *c'est une fenêtre.*
f. .... э́то? → Э́то ру́чка [êta routchka], *c'est un stylo.*
g. .... э́то? → Э́то ребёнок [êta ribionak], *c'est un enfant.*
h. .... э́то? → Э́то кни́га [êta kniga], *c'est un livre.*

7 Écrivez en russe les mots que vous avez appris au cours des leçons précédentes.
a. *maison* / b. *visa* / c. *banane* / d. *costume* / e. *concert*

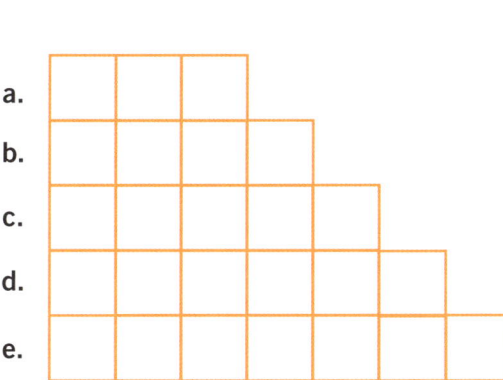

CHAPITRE 3 : LE NOMINATIF, LE MASCULIN SINGULIER, ANIMÉ-INANIMÉ

8 Chassez l'intrus et expliquez pourquoi.

a. 1. водка 2. кот 3. какао

→ ....

b. 1. стол 2. газ 3. вода

→ ....

c. 1. лодка 2. папа 3. мама

→ ....

Bravo, vous êtes venu à bout du chapitre 3 ! Il est maintenant temps de comptabiliser les icônes et de reporter le résultat en page 128 pour l'évaluation finale.

Le nom féminin singulier
Les mots interrogatifs

Le nom féminin singulier

En russe, les mots féminins ont trois types de terminaisons : les féminins « durs » se terminent en **а**, les féminins « mous » en **я** ou en **ь**.

N'oubliez pas que certains masculins se terminent également par **а/я**. Mais vous ne risquerez pas de les confondre car il s'agit de masculins « logiques » (comme *oncle* ou *papa*). En revanche, le genre des mots se terminant par le signe mou **ь** est à apprendre. Vous trouverez ci-dessous quelques mots en signe mou répandus.

Banque de mots

Masculin
день [diégne], *jour*
конь [kogne], *cheval*
медведь [midviét[s]], *ours*
якорь [iakar[i]], *ancre*
отель [atêl[i]], *hôtel*
словарь [slavar[i]], *dictionnaire*
корабль [karabl[i]], *bateau*
пень [piégne], *souche*

Féminin
ночь [notch[i]], *nuit*
дочь [dotch[i]], *fille*
дверь [dviér[i]], *porte*
часть [tchast[s]], *partie*
тетрадь [titrat[s]], *cahier*
кровать [kravat[s]], *lit*
площадь [ploschit[s]], *place*
тень [tiégne], *ombre*

Observez toutes les manières utilisées pour transcrire le signe mou en phonétique.

1 Retrouvez les mots féminins.

a. рот [rot], *bouche*
b. дядя [diadia], *oncle*
c. окно [akno], *fenêtre*
d. рука [rouka], *main*
e. земля [zimlia], *terre*
f. стакан [stakan], *verre*
g. ночь [notch[i]], *nuit*
h. часы [tchissy], *montre*
i. весна [visna], *printemps*
j. день [diégne], *jour*

CHAPITRE 4 : LE NOM FÉMININ SINGULIER – LES MOTS INTERROGATIFS

2 Composez des mots avec les lettres proposées.
Ex. п л м а а, *lampe* – лампа

a. е а р п о, *opéra* → ....
b. т е л и б, *billet* → ....
c. у б з, *dent* → ....
d. а н л у, *lune* → ....
e. а ф р и ж, *girafe* → ....
f. н о к о, *fenêtre* → ....

3 Reliez les images aux mots suivants et donnez chaque fois leur genre.

a. медведь [midviét[s]]   **b.** кровать [kravat[s]]   **c.** книга [kniga]   **d.** арбуз [arbouss]

e. корабль [karabl[i]]   **f.** зебра [ziébra]   **g.** корова [karova]   **h.** нос [noss]

4 Lisez à voix haute les mots russes suivants.

a. риск, *risque*
b. жизнь, *vie*
c. вот, *voilà*
d. путь, *voie*
e. маяк, *phare* (à la mer)
f. глаза, *yeux*
g. мысль, *pensée*
h. губа, *lèvre*

CHAPITRE 4 : LE NOM FÉMININ SINGULIER – LES MOTS INTERROGATIFS

Les principaux mots interrogatifs russes

Les deux « *où ?* » marquent un concept russe important : la présence ou l'absence de mouvement.
- Le mot interrogatif **где?** [gdié], *où ?* sert à demander l'endroit où l'on se trouve.
- **Куда?** [kouda], *où ?* contient l'idée du mouvement et sert à demander l'endroit vers lequel on se dirige.

Ты где? [ty gdié] ➡ *Tu es où ?* – **В парке** [fparkié] ➡ *Au parc.*
Ты куда? [ty kouda] ➡ *Tu vas où ?* – **В парк** [fpark] ➡ *Au parc.*

Notez par ailleurs que le mot **парк** [park], *parc*, utilisé ici deux fois, n'a pas la même terminaison. Il s'agit de l'emploi de deux cas différents (respectivement locatif et accusatif).

Remarquez que **В парке** [fparkié] se prononce comme un seul mot. En effet, des prépositions courtes comme **в** se lient avec le mot qui les suit. La lettre **в** s'assourdit au contact de la lettre sourde **п**, ce qui modifie sa prononciation.

Banque de mots

кто? [kto], *qui ?*
что? [chto], *quoi ?*
когда? [kagda], *quand ?*
где? [gdié], *où ?* (sans mouvement)
куда? [kouda], *où ?* (avec mouvement)
как? [kak], *comment ?*
почему? [patchimou], *pourquoi ?*
зачем? [zatchiém], *pour quoi faire ?*
какой? [kakoï], *quel, lequel ?*
который? [katoryï], *lequel ?*
сколько? [skolʲka], *combien ?*
откуда? [atkouda], *d'où ?*

 Reliez les mots interrogatifs suivants et leur traduction.

a. кто [kto]   •   • 1. quoi
b. как [kak]   •   • 2. qui
c. почему [patchimou]   •   • 3. combien
d. где [gdié]   •   • 4. quand
e. когда [kagda]   •   • 5. comment
f. сколько [skolʲka]   •   • 6. où (sans mouvement)
g. что [chto]   •   • 7. pourquoi

L'ordre des mots dans une phrase russe est libre. Les deux variantes se traduisent de la même manière :
где ты? [gdié ty], **ты где?** [ty gdié] ➡ *Où es-tu ?*

CHAPITRE 4 : LE NOM FÉMININ SINGULIER – LES MOTS INTERROGATIFS

6 Traduisez le nom des saisons.

год [got], année

весна [visna]   лето [liéta]

осень [ossigne]   зима [zima]

7 Trouvez le mot caché derrière ces nombres. Chaque nombre indique la place de la lettre correspondante dans l'alphabet russe. Vous trouverez dans le corrigé la traduction et la prononciation de ce mot.

14 – 1 – 26 – 10 – 15 – 1

_ _ _ _ _ _

8 Choisissez la bonne transcription des mots suivants.

a. корова, *vache*
  1. karava
  2. korova
  3. karova

b. когда, *quand*
  1. kagda
  2. kogda
  3. kaHda

c. кровать, *lit*
  1. kravat
  2. kravat[s]
  3. krovats

d. ночь, *nuit*
  1. notch[i]
  2. noch
  3. notcha

e. год, *année, an*
  1. god
  2. gad
  3. got

f. откуда, *d'où*
  1. atkiouda
  2. otkouda
  3. atkouda

g. арбуз, *pastèque*
  1. arbouz
  2. arbouss
  3. arbouss

h. стакан, *verre*
  1. stakan
  2. stokan
  3. stokan

9 Retrouvez les mots féminins et masculins parmi les propositions suivantes. Indiquez à chaque fois leur genre (f = féminin, m = masculin).

a. вода [vada], *eau* → ....
b. окно [akno], *fenêtre* → ....
c. море [mor[ié]], *mer* → ....
d. хлеб [Hliép], *pain* → ....
e. голова [galava], *tête* → ....

f. книга [kniga], *livre* → ....
g. глаз [glass], *œil* → ....
h. лето [liéta], *été* → ....
i. день [diégne], *jour* → ....
j. нога [naga], *pied, jambe* → ....

Bravo, vous êtes venu à bout du chapitre 4 ! Il est maintenant temps de comptabiliser les icônes et de reporter le résultat en page 128 pour l'évaluation finale.

Le nom neutre singulier
Les pronoms personnels – La négation

Le nom neutre singulier

En russe, les mots neutres ont trois types de terminaisons : les neutres « durs » se terminent en **о** (**окн<u>о</u>** [akn<u>o</u>], *fenêtre*), les neutres « mous » en **е/ё** (**м<u>о</u>ре** [m<u>o</u>rié], *mer* ; **бельё** [bili<u>o</u>], *linge*) et une troisième catégorie (plus rare) de noms se termine en **мя** (**вр<u>е</u>мя** [vr<u>ié</u>mia], *temps*).

Retenez que la lettre **ё** est toujours accentuée.

Attention : **кофе** [k<u>o</u>fié], *café* (la boisson) est un mot masculin malgré le **e** final.

1 Lisez à voix haute les mots suivants et traduisez-les.

a. студент ➔ ....
b. радио ➔ ....
c. автобус ➔ ....
d. актёр ➔ ....
e. фильм ➔ ....
f. университет ➔ ....
g. музыка ➔ ....
h. фотография ➔ ....
i. метро ➔ ....
j. президент ➔ ....

2 Entourez le bon genre des mots suivants (M = masculin, F = féminin, N = neutre).

a. потол<u>о</u>к [patal<u>o</u>k], *plafond*   M   F   N
b. стен<u>а</u> [stin<u>a</u>], *mur*   M   F   N
c. пол [pol], *sol*   M   F   N
d. окн<u>о</u> [akn<u>o</u>], *fenêtre*   M   F   N
e. дверь [dviérⁱ], *porte*   M   F   N
f. л<u>ю</u>стра [l<u>io</u>ustra], *lustre*   M   F   N
g. ковёр [kavi<u>o</u>r], *tapis*   M   F   N
h. полот<u>е</u>нце [palati<u>é</u>ntsê], *serviette*   M   F   N
i. парк<u>е</u>т [parki<u>é</u>t], *parquet*   M   F   N
j. з<u>е</u>ркало [zi<u>é</u>rkala], *miroir*   M   F   N
k. кр<u>е</u>сло [kri<u>é</u>sla], *fauteuil*   M   F   N

CHAPITRE 5 : LE NOM NEUTRE SINGULIER – LES PRONOMS PERSONNELS – LA NÉGATION

3 Reliez le nom des pays et leur capitale.

- **Франция** [fr<u>a</u>ntsy-ia], *France* •
- **Англия** [<u>a</u>ngli-ia], *Angleterre* •
- **Италия** [it<u>a</u>li-ia], *Italie* •
- **Россия** [rass<u>i</u>-ia], *Russie* •
- **Германия** [guirm<u>a</u>ni-ia], *Allemagne* •
- **Испания** [isp<u>a</u>ni-ia], *Espagne* •
- **Япония** [yip<u>o</u>ni-ia], *Japon* •

Мадрид
[madr<u>i</u>t]

Рим [r<u>i</u>m]

Лондон
[l<u>o</u>ndan]

Париж [par<u>i</u>ch]   **Токио** [t<u>o</u>ki-o]   **Москва** [mas-kv<u>a</u>]   **Берлин** [birl<u>i</u>n]

4 Entourez les mots neutres.

врач [vr<u>a</u>tch], *docteur*   пальто [pal'to], *manteau*
папа [p<u>a</u>pa], *papa*   дочь [d<u>o</u>tchⁱ], *fille*
здание [zd<u>a</u>ni-ié], *bâtiment*   офис [<u>o</u>fiss], *bureau*
метро [mitr<u>o</u>], *métro*   машина [mach<u>y</u>na], *voiture*
страна [stran<u>a</u>], *pays*   вино [vin<u>o</u>], *vin*

La lettre **я** placée dans la syllabe juste devant l'accent se prononce [yi] : **Япония** [yip<u>o</u>ni-ia], *Japon*.

Les pronoms personnels

En russe, les pronoms personnels correspondent aux trois genres : masculin **он** [on], *il, lui* ; féminin **она** [an<u>a</u>], *elle* ; et neutre **оно** [an<u>o</u>], *il* (on traduit le neutre par *il*, car ce concept n'existe pas en français).

CHAPITRE 5 : LE NOM NEUTRE SINGULIER – LES PRONOMS PERSONNELS – LA NÉGATION

5 Attribuez un pronom à chaque mot.
Ex. кот [kot], *chat* → он (car nom masculin)

a. сын [syn], *fils* → ....
b. дерево [di̱eriva], *arbre* → ....
c. человек [tchilavi̱ek], *homme* → ....
d. земля [zimli̱a], *terre* → ....
e. радио [ra̱di-o], *radio* → ....
f. волна [valna̱], *vague* → ....
g. крокодил [krakadi̱l], *crocodile* → ....
h. лето [li̱eta], *été* → ....
i. чай [tchaï], *thé* → ....
j. звезда [zvizda̱], *étoile* → ....

Banque de mots

сегодня [sivo̱dnia], *aujourd'hui*
завтра [za̱ftra], *demain*
вчера [ftchira̱], *hier*
всегда [fsigda̱], *toujours*
никогда [nikagda̱], *jamais*
да [da], *oui*
нет [niét], *non*

6 Recomposez ces mots russes qui ont été coupés en deux.

a. *livre* кни •   • 1. на
b. *main* ру •   • 2. ва
c. *printemps* вес •   • 3. кан
d. *pourquoi* поче •   • 4. буз
e. *vache* коро •   • 5. га
f. *pastèque* ар •   • 6. ки
g. *lit* кро •   • 7. ка
h. *verre* ста •   • 8. вать
i. *pantalon* брю •   • 9. му

7 Utilisez les pronoms qui conviennent, comme dans l'exemple.
Ex. Вот Рита [vot ri̱ta] → *Voici Rita* – Вот она

a. Вот Иван [vot iva̱n] → *Voici Ivan* – ....
b. Вот перо [vot piro̱] → *Voici la plume* – ....
c. Вот Надя [vot Na̱dia] → *Voici Nadia* – ....
d. Вот свитер [vot svi̱têr] → *Voici le pull* – ....
e. Вот собака [vot saba̱ka] → *Voici le chien* – ....
f. Вот зонт [vot zont] → *Voici le parapluie* – ....

CHAPITRE 5 : LE NOM NEUTRE SINGULIER – LES PRONOMS PERSONNELS – LA NÉGATION

La négation

Pour mettre une phrase à la forme négative, il suffit de placer la particule **не** [nié], *ne pas* devant le mot sur lequel porte la négation.

Remarquez que la particule **не** n'est pas accentuée et se lie au mot qui la suit. Ainsi, on prononcera **не** [ni] :

– Э́то ма́ма? [êta mama] ➜ *C'est maman ?*

– Нет, э́то не ма́ма [niét êta nimama] ➜ *Non, ce n'est pas maman.*

La phrase interrogative se construit de la même manière que la phrase affirmative. Seule l'intonation change.

8 Répondez positivement et négativement aux questions suivantes.
Ex. Э́то стол? [êta stol] ➜ *Est-ce une table ?* – Да, э́то стол.
Э́то стул? [êta stoul] ➜ *Est-ce une chaise ?* – Нет, э́то не стул.

ДА

a. Э́то сего́дня? [êta sivodnia] ➜ *Est-ce aujourd'hui ?* – ....

b. Э́то лес? [êta liéss] ➜ *Est-ce la forêt ?* – ....

c. Э́то чай? [êta tchaï] ➜ *Est-ce le thé ?* – ....

d. Э́то Ви́ктор? [êta viktar] ➜ *Est-ce Victor ?* – ....

e. Э́то библиоте́ка? [êta bibli-atiéka] ➜ *Est-ce une bibliothèque ?* – ....

НЕТ

a. Э́то крокоди́л? [êta krakadil] ➜ *Est-ce un crocodile ?* – ....

b. Э́то телефо́н? [êta tilifon] ➜ *Est-ce un téléphone ?* – ....

c. Э́то ю́бка? [êta ioupka] ➜ *Est-ce une jupe ?* – ....

d. Э́то тетра́дь? [êta titrat^s] ➜ *Est-ce un cahier ?* – ....

e. Э́то за́втра? [êta zaftra] ➜ *Est-ce demain ?* – ....

Bravo, vous êtes venu à bout du chapitre 5 ! Il est maintenant temps de comptabiliser les icônes et de reporter le résultat en page 128 pour l'évaluation finale.

Le pluriel des noms masculins
L'incompatibilité orthographique

Le pluriel des noms masculins

Au pluriel, les mots masculins « durs » se terminent par **ы** et les « mous » par **и**.

кот [kot], *chat* – **коты** [katy], *chats*
папа [papa], *papa* – **папы** [papy], *papas*
конь [kogne], *cheval* – **кони** [kogni], *chevaux*
дядя [diadia], *oncle* – **дяди** [diadi], *oncles*

1 Traduisez les mots suivants, puis mettez-les au pluriel et lisez-les à voix haute, en faisant attention au changement de prononciation le cas échéant.

a. пол [pol] → ....
b. прогноз [pragnoss] → ....
c. билет [biliét] → ....
d. конь [kogne] → ....
e. краб [krap] → ....
f. шанс [chans] → ....
g. стакан [stakan] → ....
h. зуб [zoup] → ....
i. студент [stoudiént] → ....
j. музей [mouziéï] → ....

Particularité

Certains mots courts perdent leur voyelle lors du passage au pluriel.
день [diégne], *jour* – **дни** [dgni], *jours*
рот [rot], *bouche* – **рты** [rty], *bouches*
палец [paliéts], *doigt* – **пальцы** [pal'tsy], *doigts*

CHAPITRE 6 : LE PLURIEL DES NOMS MASCULINS – L'INCOMPATIBILITÉ ORTHOGRAPHIQUE

Le pluriel en а/я

Certains noms masculins ont un pluriel en **а/я**. Le tableau ci-dessous liste les mots les plus importants à retenir. Remarquez que cette dernière lettre est toujours accentuée dans ce cas.

Banque de mots

адрес [adriéss], *adresse* → **адреса** [adrissa], *adresses*
берег [biériék], *rive* → **берега** [biriga], *rives*
вечер [viétchiér], *soir* → **вечера** [vitchira], *soirs*
дом [dom], *maison* → **дома** [dama], *maisons*
доктор [doktar], *docteur* → **доктора** [daktara], *docteurs*
глаз [glass], *œil* → **глаза** [glaza], *yeux*
голос [golass], *voix* → **голоса** [galassa], voix
город [gorat], *ville* → **города** [garada], *villes*
номер [nomiér], *numéro* → **номера** [namira], *numéros*
паспорт [paspart], *passeport* → **паспорта** [pasparta], *passeports*
поезд [po-iést], *train* → **поезда** [pa-izda], *trains*
учитель [outchitiél'], *maître* → **учителя** [outchitilia], *maîtres*

2 Mettez les mots suivants au pluriel.

a. город [gorat], *ville* → ....
b. день [diégne], *jour* → ....
c. глаз [glass], *œil* → ....
d. рот [rot], *bouche* → ....
e. дом [dom], *maison* → ....
f. палец [paliéts], *doigt* → ....
g. паспорт [paspart], *passeport* → ....
h. кот [kot], *chat* → ....
i. учитель [outchitiél'], *maître* → ....

CHAPITRE 6 : LE PLURIEL DES NOMS MASCULINS – L'INCOMPATIBILITÉ ORTHOGRAPHIQUE

Les pluriels irréguliers

Certains mots ont un pluriel irrégulier.
ребёнок [rib<u>io</u>nak], *enfant* – **дети** [d<u>i</u>éti], *enfants*
человек [tchilav<u>ié</u>k], *homme* – **люди** [l<u>io</u>udi], *gens*
лист [list], *feuille* – **листья** [l<u>i</u>stia], *feuilles*
цветок [tsvit<u>o</u>k], *fleur* – **цветы** [tsv<u>i</u>ty], *fleurs*

б<u>а</u>бушка [b<u>a</u>bouchka],
mamie russe

≠

б<u>а</u>бочка [b<u>a</u>batchka],
papillon

3 Entourez le bon genre des noms suivants
(**M** = masculin, **F** = féminin, **N** = neutre).

a. пиан<u>и</u>но [pi-an<u>i</u>na], *piano*   M F N
b. компь<u>ю</u>тер [kamp<u>iou</u>têr], *ordinateur*   M F N
c. м<u>о</u>ре [m<u>o</u>rié], *mer*   M F N
d. <u>а</u>рмия [<u>a</u>rmi-ia], *armée*   M F N
e. кольц<u>о</u> [kal'ts<u>o</u>], *anneau*   M F N
f. ночь [notch^j], *nuit*   M F N
g. хокк<u>е</u>й [Hak<u>ié</u>ï], *hockey*   M F N
h. б<u>а</u>бушка [b<u>a</u>bouchka], *grand-mère*   M F N
i. магаз<u>и</u>н [magaz<u>i</u>n], *magasin*   M F N
j. б<u>а</u>бочка [b<u>a</u>batchka], *papillon*   M F N

L'incompatibilité orthographique au pluriel

Г
Ж
К
Х
Ч
Ш
Щ

-Ы ❌
-И

La règle de l'incompatibilité orthographique est importante à retenir. Après les lettres suivantes, on n'écrit pas **ы** au pluriel mais **и** : **рак**, *écrevisse* – **раки**. Ainsi, malgré le fait que ce nom soit à terminaison dure, son pluriel est en **и**.

CHAPITRE 6 : LE PLURIEL DES NOMS MASCULINS – L'INCOMPATIBILITÉ ORTHOGRAPHIQUE

4 Reliez les nationalités féminines au masculin correspondant.

- американец [am^(ié)rikaniéts], *Américain*
- англичанин [anglitchanin], *Anglais*
- испанец [ispaniéts], *Espagnol*
- итальянец [italianiéts], *Italien*
- немец [niémiéts], *Allemand*
- россиянин [rassi-ianin], *Russe*
- француз [frantsouss], *Français*
- японец [yiponiéts], *Japonais*

- немка
- француженка
- англичанка
- американка
- японка
- итальянка
- россиянка
- испанка

5 Remettez les lettres dans le bon ordre pour obtenir les mots suivants.
Ex. *chats* : окыт – коты

a. *gaz* : ызга → ....
b. *jours* : инд → ....
c. *codes* : докы → ....
d. *thés* : ича → ....
e. *parapluies* : отынз → ....
f. *bouches* : тры → ....
g. *montre* : сачы → ....

Banque de mots

утро [outra], *matin, matinée*
день [diégne], *jour, journée*
вечер [viétchiér], *soir, soirée*
ночь [notch^i], *nuit*
полдень [poldigne], *midi*
полночь [polnatch^i], *minuit*

6 Mettez les mots masculins suivants au pluriel.

a. шеф [chef], *chef* → шеф __
b. конь [kogne], *cheval* → кон __
c. мяч [miatch], *ballon* → мяч __
d. стол [stol], *table* → стол __
e. рубль [roubl^i], *rouble* → рубл __
f. город [gorat], *ville* → город __
g. клей [klieï], *colle* → кле __
h. карандаш [karandach], *crayon* → карандаш __
i. утюг [outiouk], *fer à repasser* → утюг __
j. водитель [vaditiél^i], *conducteur* → водител __
k. учитель [outchitiél^i], *maître* → учител __
l. банан [banan], *banane* → банан __

CHAPITRE 6 : LE PLURIEL DES NOMS MASCULINS – L'INCOMPATIBILITÉ ORTHOGRAPHIQUE

7 Choisissez le bon pluriel des mots suivants.

a. студе́нт, *étudiant*
 1. студе́нта
 2. студе́нты
 3. студе́нти

b. но́мер, *numéro*
 1. номера́
 2. но́меры
 3. номери́

c. челове́к, *homme*
 1. челове́ки
 2. лю́ди
 3. челове́кы

d. францу́з, *Français*
 1. францу́зи
 2. францу́за
 3. францу́зы

e. ве́чер, *soir*
 1. вечера́
 2. ве́черы
 3. вечери́

f. суп, *soupe*
 1. супы́
 2. супи́
 3. супа́

g. дя́дя, *oncle*
 1. дя́ды
 2. дя́да
 3. дя́ди

> Vous l'avez déjà remarqué : l'article n'existe pas en russe.

8 Répondez aux questions suivantes.

a. Кто э́то? [kto êta], *Qui est-ce ?* Э́то _____ → *Ce sont des mamans.*

b. Что э́то? [chto êta], *Qu'est-ce que c'est ?* Э́то _____ → *Ce sont des maisons.*

c. Что э́то? [chto êta], *Qu'est-ce que c'est ?* Э́то _____ → *Ce sont des tables.*

d. Кто э́то? [kto êta], *Qui est-ce ?* Э́то _____ → *Ce sont des chats.*

e. Что э́то? [chto êta], *Qu'est-ce que c'est ?* Э́то _____ → *Ce sont des mers.*

f. Кто э́то? [kto êta], *Qui est-ce ?* Э́то _____ → *Ce sont des girafes.*

9 Retrouvez le singulier des pluriels suivants et donnez sa traduction.

a. дни [dgni] → ....

b. доктора́ [daktara] → ....

c. не́мцы [niémtsy] → ....

d. носы́ [nassy] → ....

e. де́ти [diéti] → ....

f. дома́ [dama] → ....

g. цари́ [tsari] → ....

h. па́пы [papy] → ....

i. глаза́ [glaza] → ....

j. рты [rty] → ....

CHAPITRE 6 : LE PLURIEL DES NOMS MASCULINS – L'INCOMPATIBILITÉ ORTHOGRAPHIQUE

10 Traduisez les mots suivants et entourez leur genre (M = masculin, F = féminin, N = neutre).

a. помидор [pamidor] M F N → ....

b. окно [akno] M F N → ....

c. вода [vada] M F N → ....

d. собака [sabaka] M F N → ....

e. лето [liéta] M F N → ....

f. врач [vratch] M F N → ....

g. стакан [stakan] M F N → ....

h. дверь [dviérⁱ] M F N → ....

i. нога [naga] M F N → ....

j. море [morié] M F N → ....

11 Cochez le dernier son (indiqué en phonétique française) de chaque mot.

	[t]	[p]	[s]	[ch]	[H]	[k]
a. раз, *fois*						
b. пот, *sueur*						
c. пух, *duvet*						
d. друг, *ami*						
e. зуб, *dent*						
f. муж, *mari*						
g. час, *heure*						
h. смех, *rire*						
i. суп, *soupe*						
j. пруд, *étang*						
k. чек, *chèque*						
l. марш, *marche*						

Bravo, vous êtes venu à bout du chapitre 6 ! Il est maintenant temps de comptabiliser les icônes et de reporter le résultat en page 128 pour l'évaluation finale.

7
Le pluriel des noms féminins
Les pronoms personnels

Terminaisons

Au pluriel, les mots féminins « durs » (se terminant par **a**) ont une terminaison en **ы** et les « mous » (se terminant par **я** ou signe mou) en **и**.

мама [m*a*ma], *maman* – **мамы** [m*a*my], *mamans*
тётя [t*io*tia], *tante* – **тёти** [t*io*ti], *tantes*
мышь [mych¹], *souris* – **мыши** [m*y*chy], *souris*

N'oubliez pas la règle de l'incompatibilité orthographique :
собака [sab*a*ka], *chien* – **собаки** [sab*a*ki], *chiens*

Attention au pluriel irrégulier de certains mots :
дочь [dotch¹], *fille* – **дочери** [d*o*tchiri], *filles*
мать [matˢ], *mère* – **матери** [m*a*tiri], *mères*
сестра [sistr*a*], *sœur* – **сёстры** [si*o*stry], *sœurs*

Dans beaucoup de mots russes, l'accent tonique se déplace lors de la déclinaison ou du passage au pluriel. Essayez de le retenir à chaque fois, mais ne vous inquiétez pas, à ce stade, ce n'est pas très grave si vous oubliez : **земля** [zimli*a*], *terre* – **земли** [zi*é*mli].

1 Lisez à voix haute les mots suivants et traduisez-les.

a. банк → ....
b. машина → ....
c. факс → ....
d. офис → ....
e. алло → ....

f. театр → ....
g. фотограф → ....
h. компания → ....
i. кассета → ....
j. телевизор → ....

CHAPITRE 7 : LE PLURIEL DES NOMS FÉMININS – LES PRONOMS PERSONNELS

2 Chassez l'intrus.

a. рук<u>а</u> / ног<u>а</u> / маш<u>и</u>на
b. челов<u>е</u>к / з<u>е</u>бра / соб<u>а</u>ка
c. телеф<u>о</u>н / жир<u>а</u>ф / телев<u>и</u>зор
d. дверь / тетр<u>а</u>дь / день
e. стол / д<u>е</u>ти / л<u>ю</u>ди

3 Trouvez le singulier des mots suivants.

a. л<u>а</u>мпы [l<u>a</u>mpy], *lampes* ➔ ламп__
b. м<u>ы</u>сли [m<u>y</u>sli], *pensées* ➔ мысл__
c. под<u>у</u>шки [pad<u>ou</u>chki], *oreillers* ➔ подушк__
d. сёстры [si<u>o</u>stry], *sœurs* ➔ сестр__
e. ид<u>е</u>и [id<u>ié</u>-i], *idées* ➔ иде__
f. к<u>о</u>зы [k<u>o</u>zy], *chèvres* ➔ коз__
g. пл<u>о</u>щади [pl<u>o</u>schidi], *places* ➔ площад__
h. д<u>о</u>чери [d<u>o</u>tchiri], *filles* ➔ доч__
i. ч<u>а</u>сти [tch<u>a</u>sti], *parts* ➔ част__
j. з<u>е</u>мли [zi<u>é</u>mli], *terres* ➔ земл__

4 Mettez les mots suivants au pluriel.

a. стен<u>а</u> [stin<u>a</u>], *mur* ➔ ....
b. тень [ti<u>é</u>gne], *ombre* ➔ ....
c. губ<u>а</u> [g<u>ou</u>ba], *lèvre* ➔ ....
d. кров<u>а</u>ть [krav<u>a</u>t^s], *lit* ➔ ....
e. зим<u>а</u> [zim<u>a</u>], *hiver* ➔ ....
f. мышь [mychⁱ], *souris* ➔ ....
g. кор<u>о</u>ва [kar<u>o</u>va], *vache* ➔ ....
h. соб<u>а</u>ка [sab<u>a</u>ka], *chien* ➔ ....
i. л<u>ю</u>стра [li<u>ou</u>stra], *lustre* ➔ ....

Les pronoms personnels

Vous connaissez déjà les pronoms personnels de la troisième personne du singulier. Complétons-les !

Singulier	Pluriel
я, *je*	**мы**, *nous*
ты, *tu*	**вы**, *vous*
он, *il*	
она, *elle*	**они**, *ils, elles*
оно, *il* (neutre)	

CHAPITRE 7 : LE PLURIEL DES NOMS FÉMININS – LES PRONOMS PERSONNELS

5 Traduisez les phrases suivantes. N'oubliez pas que le verbe *être* au présent est sous-entendu en russe.

a. Я студент [ia stoudiént] → ....
b. Она француженка [ana frantsoujynka] → ....
c. Они дети [ani diéti] → ....
d. Вы – врач? [vy vratch] → ....
e. Он здесь [on zdiéss^j] → ....
f. Мы сёстры [my siostry] → ....
g. Ты где? [ty gdié] → ....

Banque de mots

потом [patom], *après*
сразу [srazou], *tout de suite, d'un coup*
мало [mala], *peu*
хватит [Hvatit], *assez*
чуть-чуть [tchout^s tchout^s], *un petit peu*
много [mnoga], *beaucoup*
ничего [nitchivo], *rien*
всё [fsio], *tout*

6 Choisissez à chaque fois le mot du genre indiqué.

a. Féminin
1. зонт
2. собака
3. дом

b. Neutre
1. окно
2. дверь
3. человек

c. Masculin
1. земля
2. словарь
3. рука

d. Neutre
1. отель
2. книга
3. море

e. Masculin
1. рот
2. кресло
3. зима

f. Féminin
1. площадь
2. день
3. конь

g. Neutre
1. хлеб
2. голова
3. метро

h. Féminin
1. потолок
2. губа
3. зеркало

i. Masculin
1. полотенце
2. ковёр
3. водка

7 Mettez les féminins suivants au pluriel.

a. дверь [dviér^j], *porte* → двер_
b. студентка [stoudientka], *étudiante* → студентк_
c. газета [gaziéta], *journal* → газет_
d. квартира [kvartira], *appartement* → квартир_
e. подруга [padrouga], *amie* → подруг_
f. картина [kartina], *tableau* → картин_
g. фотография [fatagrafi-ia], *photographie* → фотографи_
h. дача [datcha], *datcha* → дач_
i. комната [komnata], *pièce, chambre* → комнат_

CHAPITRE 7 : LE PLURIEL DES NOMS FÉMININS – LES PRONOMS PERSONNELS

8 Reliez les mots et leur traduction.

a. дети
b. карандаш
c. кофе
d. журналистка
e. вина
f. тетрадь
g. музыка
h. дочери
i. словарь
j. традиции

1. filles
2. crayon
3. traditions
4. journaliste
5. enfants
6. musique
7. vins
8. dictionnaire
9. cahier
10. café (boisson)

9 Retrouvez les parties du corps qui se cachent dans la grille ci-dessous.

a. Р
b. Н
c. Р
d. Н
e. П
f. Г

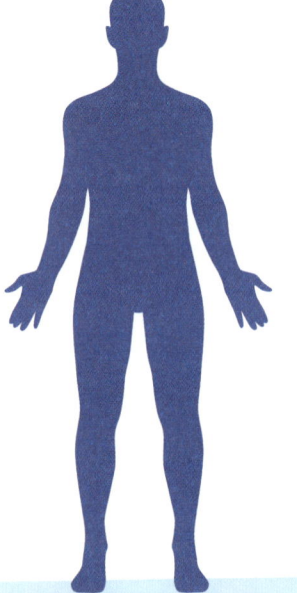

Bravo, vous êtes venu à bout du chapitre 7 ! Il est maintenant temps de comptabiliser les icônes et de reporter le résultat en page 128 pour l'évaluation finale.

Le pluriel des noms neutres
Les adjectifs possessifs

Le pluriel des noms neutres

Au pluriel, les mots neutres « durs » (se terminant par **o**) ont une terminaison en **a** et les « mous » (se terminant par **e/ë**) en **я**.

окно [akno], *fenêtre* – **окна** [okna]
море [morié], *mer* – **моря** [maria]

Certains neutres sont irréguliers au pluriel :
дерево [diériva], *arbre* – **деревья** [diriévia]
перо [piro], *plume* – **перья** [piéria]
яблоко [iablaka], *pomme* – **яблоки** [iablaki]

Dans certains mots, **ë** apparaît à la place de **e** :
колесо [kalisso], *roue* – **колёса** [kaliossa]
ведро [vidro], *seau* – **вёдра** [viodra]

Un petit groupe de neutres se terminant par **мя** a le pluriel irrégulier :
имя [imia], *prénom* – **имена** [imina]

❶ Mettez les mots suivants dans l'ordre croissant du nombre de lettres qu'ils contiennent et traduisez-les.

подушка / да / собака / математика / офис / полотенце
здесь / я / француженка / там / квартира

1. .... → ....
2. .... → ....
3. .... → ....
4. .... → ....
5. .... → ....
6. .... → ....
7. .... → ....
8. .... → ....
9. .... → ....
10. .... → ....
11. .... → ....

CHAPITRE 8 : LE PLURIEL DES NOMS NEUTRES – LES ADJECTIFS POSSESSIFS

2 Déterminez le genre des noms suivants (M = masculin, F = féminin, N = neutre).

a. пижама [pijama], *pyjama*   M F N
b. мальчик [mal'tchik], *garçon*   M F N
c. колесо [kalisso], *roue*   M F N
d. рубашка [roubachka], *chemise*   M F N
e. кафе [kafê], *café* (lieu)   M F N
f. галстук [galstouk], *cravate*   M F N
g. шея [chê-ia], *cou*   M F N
h. лоб [lop], *front*   M F N
i. вилка [vilka], *fourchette*   M F N
j. молоко [malako], *lait*   M F N
k. кофе [kofié], *café* (boisson)   M F N
l. сыр [syr], *fromage*   M F N

Invariables

Retenez que les mots neutres empruntés à d'autres langues sont invariables. Ainsi, leur pluriel aura exactement la même forme qu'au singulier : **метро** [mitro], *métro* ; **пальто** [pal'to], *manteau*, etc.

3 Mettez les mots suivants au pluriel.

a. окно [akno], *fenêtre* → ....
b. дерево [diériva], *arbre* → ....
c. место [miésta], *endroit* → ....
d. яблоко [iablaka], *pomme* → ....
e. перо [piro], *plume* → ....
f. имя [imia], *prénom* → ....
g. колесо [kalisso], *roue* → ....
h. лицо [litso], *visage* → ....

CHAPITRE 8 : LE PLURIEL DES NOMS NEUTRES – LES ADJECTIFS POSSESSIFS

4 Reliez le singulier au pluriel correspondant et indiquez le genre du mot (M = masculin, F = féminin, N = neutre).

a. лоб [lop], *front*   M F N •
b. дочь [dotchʲ], *fille*   M F N •
c. зеркало [ziérkala], *miroir*   M F N •
d. день [diégne], *jour*   M F N •
e. человек [tchilaviék], *homme*   M F N •
f. сестра [sistra], *sœur*   M F N •
g. поезд [po-iést], *train*   M F N •
h. кольцо [kalʲtso], *anneau*   M F N •
i. этаж [étach], *étage*   M F N •
j. слово [slova], *parole*   M F N •

лбы   поезда   кольца   дочери   дни   слова   этажи   люди   сёстры   зеркала

5 Retrouvez le singulier des mots suivants. (Si l'accent n'est pas indiqué au début du mot au singulier, c'est qu'il est placé sur la terminaison.)

a. окна [okna], *fenêtres* → окн_
b. пальто [palʲto], *manteaux* → пальт_
c. моря [maria], *mers* → мор_
d. растения [rastiéni-ia], *plantes* → растени_
e. деревья [diriévia], *arbres* → дерев_
f. яблоки [iablaki], *pommes* → яблок_

6 Retrouvez les mots cachés dans la coquille de l'escargot en les séparant les uns des autres. Donnez la traduction et le genre des mots obtenus (M = masculin, F = féminin, N = neutre).

1. вечер, *soir* M
2. ....
3. ....
4. ....
5. ....
6. ....
7. ....

CHAPITRE 8 : LE PLURIEL DES NOMS NEUTRES – LES ADJECTIFS POSSESSIFS

Les positions (sans l'idée de mouvement)

спр**а**ва [spr**a**va], *à droite*	впер**е**ди [fpirid**i**], *devant*
сл**е**ва [sli**é**va], *à gauche*	сз**а**ди [zz**a**di], *derrière*
пр**я**мо [pr**i**ama], *tout droit*	д**о**ма [d**o**ma], *à la maison*

7 Mettez ces noms neutres au pluriel. Nous vous aidons avec l'accent tonique en l'indiquant s'il se déplace au pluriel.

Ex. окн**о** [akn**o**], *fenêtre* – **о**кна
  м**о**ре [m**o**rié], *mer* – мор**я**

a. полот**е**нце [palati**é**ntsê], *serviette* → полот**е**нц__

b. зд**а**ние [zd**a**ni-ié], *bâtiment* → зд**а**ни__

c. раст**е**ние [rasti**é**ni-ié], *plante* → раст**е**ни__

d. д**е**рево [di**é**riva], *arbre* → дер**е**в___

e. муч**е**ние [moutchi**é**ni-ié], *tourment* → муч**е**ни__

8 Répondez à ces questions en utilisant les images.

a. Вот парк. А где п**а**па? → *Voici le parc. Et où est papa ?* – Он ....
 → *Il est à gauche.*

b. Где он**и**? → *Où sont-ils ?* – М**а**льчик ...., а д**е**вочки ....
 → *Le garçon est devant et les filles derrière.*

c. Где кот? = *Où est le chat ?* – Он .... → *Il est à la maison.*

d. Вот зд**а**ние, а где светоф**о**р? → *Voici l'immeuble, mais où est le feu tricolore ?* –
 Он .... → *Il est à droite.*

  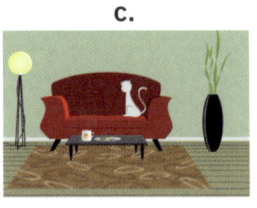 

CHAPITRE 8 : LE PLURIEL DES NOMS NEUTRES – LES ADJECTIFS POSSESSIFS

Les adjectifs possessifs

Les possessifs russes sont assez simples. Leurs terminaisons ressemblent à celles des noms : **наш** [nach] (masculin se terminant par une consonne), **наша** [nacha] (féminin se terminant par **а**), **наше** [nachê] (neutre se terminant par **е**), **наши** [nachy] (pluriel se terminant par **и**).

Les possessifs de la troisième personne sont encore plus faciles – comme en anglais, ils se rapportent au possesseur de l'objet :
его сестра [yivo sistra], *sa sœur (à lui)*
его брат [yivo brat], *son frère (à lui)*
его окно [yivo akno], *sa fenêtre (à lui)*

Ainsi, en fonction du genre du possesseur, on emploie **его** (possesseur masculin), **её** (possesseur féminin), **их** (possesseur pluriel de tous les genres).

Pronom correspondant	Masculin	Féminin	Neutre	Pluriel
я [ia], *je, moi*	**мой** [moï], *mon*	**моя** [ma-ia], *ma*	**моё** [ma-io], *mon*	**мои** [ma-i], *mes*
ты [ty], *tu, toi*	**твой** [t-voï], *ton*	**твоя** [t-va-ia], *ta*	**твоё** [t-va-io], *ton*	**твои** [t-va-i], *tes*
он [on], *il, lui*	**его** [yivo], *son, sa*			
оно [ano], *il, lui* (neutre)	**его** [yivo], *son, sa*			
она [ana], *elle*	**её** [yi-io], *son, sa*			
мы [my], *nous*	**наш** [nach], *notre*	**наша** [nacha], *notre*	**наше** [nachê], *notre*	**наши** [nachy], *nos*
вы [vy], *vous*	**ваш** [vach], *votre*	**ваша** [vacha], *votre*	**ваше** [vachê], *votre*	**ваши** [vachy], *vos*
они [ani], *elles, eux*	**их** [iH], *leur*			

 Reliez les possessifs et leur traduction.

a. мой
   1. брат
   2. окно
   3. мама

b. твоё
   1. стол
   2. лицо
   3. юбка

c. наши
   1. полотенце
   2. телефон
   3. дети

d. ваши
   1. проблемы
   2. идея
   3. конь

e. моя
   1. день
   2. удовольствие
   3. дочь

f. твои
   1. глаза
   2. волос
   3. рот

g. ваш
   1. земля
   2. паспорт
   3. сестра

h. мои
   1. книга
   2. ребёнок
   3. руки

CHAPITRE 8 : LE PLURIEL DES NOMS NEUTRES – LES ADJECTIFS POSSESSIFS

10 Traduisez les expressions suivantes.

a. мой сын [moï syn] → ....

b. его бабушка [yi-vo babouchka] → ....

c. твои идеи [t-va-i idié-i] → ....

d. наше кафе [nachê kafê] → ....

e. её голос [yi-io golass] → ....

f. ваш учитель [vach outchitiél'] → ....

g. твой номер [t-voï nomiér] → ....

h. их дядя [iH diadia] → ....

i. моя фотография [ma-ia fatagrafi-ia] → ....

11 Faites la liste de quelques produits illustrés en choisissant les mots dans la liste ci-dessous.

- огурцы [agourtsy]
- помидоры [pamidory]
- чай [tchaï]
- молоко [malako]
- банан [banan]
- хлеб [Hliép]
- сыр [syr]
- арбуз [arbouss]
- курица [kouritsa]
- вино [vino]
- кабачки [kabatchki]
- картофель [kartofil']
- колбаса [kalbassa]

Bravo, vous êtes venu à bout du chapitre 8 ! Il est maintenant temps de comptabiliser les icônes et de reporter le résultat en page 128 pour l'évaluation finale.

9
L'accord en genre et en nombre de l'adjectif

Le genre de l'adjectif

Les adjectifs s'accordent en genre avec le nom qu'ils qualifient et se placent généralement devant celui-ci.

Tout comme les noms, les adjectifs russes ont trois genres. Le genre est désigné par la terminaison du mot.

Les adjectifs se divisent, d'après leur terminaison, en adjectifs « durs » et « mous » (comme les noms), et les terminaisons fonctionnent par paires.

Notez que c'est la même logique que pour les noms et les adjectifs possessifs.

- Les adjectifs « durs » se terminent par **ый** au masculin, **ая** au féminin et **ое** au neutre.

Adjectifs « durs »

	Masculin	Féminin	Neutre
Rouge	кр<u>а</u>сный [kr<u>a</u>snyï]	кр<u>а</u>сная [kr<u>a</u>sna-ia]*	кр<u>а</u>сное [kr<u>a</u>sna-ié]

* La terminaison des adjectifs se prononce de manière très atténuée. On a l'impression que les Russes « l'avalent ».

- Les adjectifs « mous » se terminent par **ий** au masculin, **яя** au féminin et **ее** au neutre.

Adjectifs « mous »

	Masculin	Féminin	Neutre
Bleu	с<u>и</u>ний [s<u>i</u>niï]	с<u>и</u>няя [s<u>i</u>ni-ia]	с<u>и</u>нее [s<u>i</u>nié-ié]

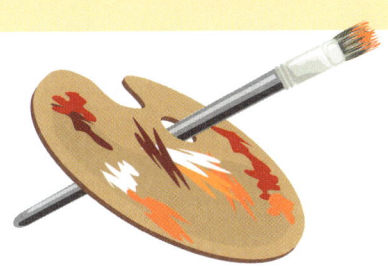

CHAPITRE 9 : L'ACCORD EN GENRE ET EN NOMBRE DE L'ADJECTIF

1 Les adjectifs suivants sont-ils durs ou mous ? Cochez la case correspondante.

				Dur	Mou
a.	ст<u>а</u>рый	[st<u>a</u>ryï]	*vieux*		
b.	л<u>е</u>тний	[li<u>é</u>tniï]	*d'été*		
c.	<u>у</u>мный	[<u>ou</u>mnyï]	*intelligent*		
d.	посл<u>е</u>дний	[pasli<u>é</u>dniï]	*dernier*		
e.	больш<u>о</u>й	[balʲch<u>o</u>ï]	*grand*		
f.	б<u>ы</u>стрый	[b<u>y</u>stryï]	*rapide*		
g.	з<u>и</u>мний	[z<u>i</u>mniï]	*hivernal*		
h.	с<u>и</u>ний	[s<u>i</u>niï]	*bleu*		
i.	др<u>е</u>вний	[dr<u>é</u>vniï]	*ancien*		
j.	вес<u>ё</u>лый	[viss<u>io</u>lyï]	*gai*		
k.	д<u>а</u>льний	[d<u>a</u>lʲniï]	*lointain*		
l.	интер<u>е</u>сный	[in-tir<u>ié</u>snyï]	*intéressant*		

Banque de mots

кр<u>а</u>сный [kr<u>a</u>snyï], *rouge*
б<u>е</u>лый [b<u>ié</u>lyï], *blanc*
ч<u>ё</u>рный [tch<u>io</u>rnyï], *noire*
зел<u>ё</u>ный [zil<u>io</u>nyï], *vert*
ж<u>ё</u>лтый [j<u>o</u>ltyï], *jaune*
голуб<u>о</u>й [galoub<u>o</u>ï], *bleu ciel*
кор<u>и</u>чневый [kar<u>i</u>tchnivyï], *marron*

Rappel

Dans les dictionnaires, vous trouverez les adjectifs au masculin et parfois les terminaisons du féminin et du neutre seront indiquées de la manière suivante : **хор<u>о</u>ший**, **-ая**, **-ее**.

N'oubliez pas la règle de l'incompatibilité orthographique (voir page 29) : **хор<u>о</u>ший** [Har<u>o</u>chyï], *bon*.

Après une chuintante et **ц** dans la position accentuée de la terminaison, on écrit **ой** : **больш<u>о</u>й** [balʲch<u>o</u>ï], *grand*.

CHAPITRE 9 : L'ACCORD EN GENRE ET EN NOMBRE DE L'ADJECTIF

2 Indiquez le genre des adjectifs (M = masculin, F = féminin, N = neutre). Pour rendre l'exercice plus intéressant, toutes les traductions françaises sont au masculin.

a. большо́й [bal'choï], *grand*   M   F   N
b. ма́ленькая [maligne-ka-ia], *petit*   M   F   N
c. кру́глое [krougla-ié], *rond*   M   F   N
d. по́здняя* [pozni-ia], *tardif*   M   F   N
e. сосе́дний [sassiédniï], *voisin*   M   F   N
f. вне́шний [vniéchniï], *extérieur*   M   F   N
g. но́вая [nova-ia], *neuf*   M   F   N
h. дли́нное [dlinna-ié], *long*   M   F   N
i. вчера́шнее [ftchirachnié-ié], *d'hier*   M   F   N
j. отли́чный [atlitchnyï], *excellent*   M   F   N
k. сре́днее [sriédnié-ié], *moyen*   M   F   N
l. весе́нняя [vissiénni-ia], *printanier*   M   F   N

* Attention, dans ce mot le **д** ne se prononce pas.

3 Attribuez au mot sous chaque image l'adjectif correspondant.

о́блако [oblaka], *nuage*

мяч [miatch], *balle*

перча́тка [pirtchatka], *gant*

ведро́ [vidro], *seau*

• кра́сный [krasnyï] •

• бе́лое [biéla-ié] •

• чёрная [tchiorna-ia] •

• зелёный [zilionyï] •

• жёлтое* [jolta-ié] •

• голуба́я [galouba-ia] •

• кори́чневая [karitchniva-ia] •

ка́ктус [kaktouss], *cactus*

дверь [dviér'], *porte*

соба́ка [sabaka], *chien*

* La lettre **ж**, j, est toujours dure, donc le **ё**, io, se prononce **о**, o.

CHAPITRE 9 : L'ACCORD EN GENRE ET EN NOMBRE DE L'ADJECTIF

4 Accordez en genre les adjectifs suivants et lisez à voix haute les phrases que vous obtenez.
Ex. дл<u>и</u>нный [dl<u>i</u>nnyï], *long* – дл<u>и</u>нная дор<u>о</u>га [dl<u>i</u>nna-ia dar<u>o</u>ga], *un long chemin*

a. н<u>о</u>вый [n<u>o</u>vyï], *nouveau* – нов _ _ галстук → *une nouvelle cravate*

b. т<u>о</u>лстый [t<u>o</u>lstyï], *gros* – толст _ _ шея → *un gros cou*

c. дом<u>а</u>шний [dam<u>a</u>chniï], *domestique, de maison* – домашн _ _ задание → *un devoir à domicile*

d. надувн<u>о</u>й [nadouvn<u>o</u>ï], *gonflable* – надувн _ _ лодка → *une barque gonflable*

e. гр<u>о</u>мкий [gr<u>o</u>mkiï], *fort* (pour un son) – громк _ _ звук → *un bruit fort*

f. ос<u>е</u>нний [ass<u>ié</u>nniï], *d'automne* – осенн _ _ погода → *un temps d'automne*

g. ч<u>ё</u>рный [tch<u>io</u>rnyï], *noir* – чёрн _ _ такси → *un taxi noir*

h. т<u>и</u>хий [t<u>i</u>Hiï], *tranquille* – тих _ _ улица → *une rue tranquille*

i. больн<u>о</u>й [bal'n<u>o</u>ï], *malade* – больн _ _ собака → *un chien malade*

j. н<u>и</u>жний [n<u>i</u>jniï], *du bas* – нижн _ _ полка → *l'étagère du bas*

k. гор<u>я</u>чий [gar<u>ia</u>tchiï], *chaud* – горяч _ _ молоко → *un lait chaud*

l. сп<u>е</u>лый [sp<u>ié</u>lyï], *mûr* – спел _ _ яблоко → *une pomme mûre*

m. с<u>и</u>ний [s<u>i</u>niï], *bleu* – син _ _ море → *une mer bleue*

5 Lisez à voix haute ces faux amis.

магаз<u>и</u>н, *journal* ≠ *magasin*
журн<u>а</u>л, *magazine* ≠ *journal*
бок<u>а</u>л, *coupe, flûte* ≠ *bocal*
кан<u>и</u>кулы, *vacances* ≠ *canicule*
фам<u>и</u>лия, *nom de famille* ≠ *famille*
к<u>о</u>мпас, *boussole* ≠ *compas*
д<u>е</u>бри, *forêt impénétrable* ≠ *débris*
тал<u>о</u>н, *ticket* ≠ *talon*
пар<u>о</u>ль, *mot de passe* ≠ *parole*

CHAPITRE 9 : L'ACCORD EN GENRE ET EN NOMBRE DE L'ADJECTIF

6 Complétez les traductions.

a. пло**хо**й про**гноз** [plaHoï pragnoss] → *mauvais pronostic*
…………………… **но**вость → *mauvaise nouvelle*

b. **ми**лая **же**нщина [mila-ia jênschina] → *gentille dame*
он …………………… → *il est gentil*

c. **бе**лый дом [biélyï dom] → *maison blanche*
…………………… ок**но** → *fenêtre blanche*

d. **зде**шнее **пра**вило [zdiéchnié-ié pravila] → *règle locale* (d'ici)
он**а** …………………… → *elle est d'ici*

e. злой чело**век** [zloï tchilaviék] → *une personne méchante*
…………………… со**ба**ка → *chien méchant*

f. беско**не**чная ис**то**рия [biskaniétchna-ia istori-ia] → *histoire sans fin*
…………………… тер**пе**ние → *patience infinie*

Remarquez que l'accent reste inchangé au pluriel.

Le pluriel des adjectifs

C'est très simple : au pluriel, les adjectifs ont la même terminaison, quel que soit le genre. Seule différence : les adjectifs durs se terminent par **ые** et les mous, ainsi qu'en cas d'incompatibilité orthographique, par **ие**.

Adjectif dur	Adjectif mou	Incompatibilité orthographique
толстый [tolstyï], *gros* → **толстые** [tolsty-ié]	**хороший** [Harochyï], *bon* → **хорошие** [Harochy-ié]	**синий** [siniï], *bleu* → **синие** [sini-ié]

7 Mettez les adjectifs suivants au pluriel.

a. **ли**шний [lichniï], *de trop* → **ли**шн _ _

b. **пре**жний [priéjniï], *précédent* → **пре**жн _ _

c. **ра**достный* [radasnyï], *joyeux* → **ра**достн _ _

d. вы**со**кий [vyssokiï], *haut* → вы**со**к _ _

e. **гру**стный* [grousnyï], *triste* → **гру**стн _ _

* Observez le groupe de lettres **стн** : la lettre **т** ne se prononce pas.

47

CHAPITRE 9 : L'ACCORD EN GENRE ET EN NOMBRE DE L'ADJECTIF

f. р<u>о</u>зовый [r<u>o</u>zavyï], *rose* ➜ р<u>о</u>зов _ _
g. р<u>а</u>нний [r<u>a</u>nniï], *matinal* ➜ р<u>а</u>нн _ _
h. больш<u>о</u>й [balʲch<u>o</u>ï], *grand* ➜ больш _ _
i. здор<u>о</u>вый [zdar<u>o</u>vyï], *sain* ➜ здор<u>о</u>в _ _
j. <u>и</u>скренний [<u>i</u>skrinniï], *sincère* ➜ <u>и</u>скренн _ _
k. вн<u>у</u>тренний [vn<u>o</u>utrinniï], *intérieur* ➜ вн<u>у</u>тренн _ _
l. худ<u>о</u>й [Houd<u>o</u>ï], *mince* ➜ худ _ _

8. Reliez les mots des deux colonnes.

a. дерев<u>я</u>нный [diriv<u>ia</u>nnyï], *en bois* •
b. металл<u>и</u>ческая [mital<u>i</u>tchiska-ia], *métallique* •
c. выс<u>о</u>кое [vyss<u>o</u>ka-ié], *haut* •
d. <u>у</u>мный [<u>o</u>umnyï], *intelligent* •
e. ж<u>а</u>ркое [j<u>a</u>rka-ié], *chaud* •
f. зелёный [zil<u>io</u>nyï], *vert* •
g. св<u>е</u>жая [sv<u>ié</u>ja-ia], *fraîche* •
h. л<u>и</u>чное [l<u>i</u>tchna-ié], *personnel* •
i. д<u>о</u>брая [d<u>o</u>bra-ia], *généreuse* •

• **1.** м<u>а</u>льчик [m<u>a</u>lʲtchik], *garçon*
• **2.** мн<u>е</u>ние [mn<u>ié</u>ni-ié], *opinion*
• **3.** стол [stol], *table*
• **4.** л<u>е</u>то [l<u>ié</u>ta], *été*
• **5.** л<u>а</u>мпа [l<u>a</u>mpa], *lampe*
• **6.** тётя [t<u>io</u>tia], *tante*
• **7.** газ<u>е</u>та [gaz<u>ié</u>ta], *journal*
• **8.** д<u>е</u>рево [d<u>ié</u>riva], *arbre*
• **9.** крокод<u>и</u>л [krakad<u>i</u>l], *crocodile*

Les mois de l'année

янв<u>а</u>рь [yinv<u>a</u>rʲ], *janvier*
февр<u>а</u>ль [fivr<u>a</u>lʲ], *février*
март [mart], *mars*
апр<u>е</u>ль [apr<u>ié</u>lʲ], *avril*
май [maï], *mai*
июнь [i-i<u>o</u>ugne], *juin*
июль [i-i<u>o</u>ulʲ], *juillet*
<u>а</u>вгуст [<u>a</u>vgoust], *août*
сент<u>я</u>брь [sint<u>ia</u>brʲ], *septembre*
окт<u>я</u>брь [akt<u>ia</u>brʲ], *octobre*
но<u>я</u>брь [na-i<u>a</u>brʲ], *novembre*
дек<u>а</u>брь [dik<u>a</u>brʲ], *décembre*

CHAPITRE 9 : L'ACCORD EN GENRE ET EN NOMBRE DE L'ADJECTIF

9 Construisez des phrases en utilisant les mots proposés et en les accordant quand il le faut.
Ex. большой, она, девочка – Она большая девочка
→ *C'est une grande fille*

   a. день, Сегодня, хороший – ....
     → *Aujourd'hui c'est un bon jour.*

   b. интересный, Это, книга – ....
     → *C'est un livre intéressant.*

   c. молодой, Вы, студент, кто? я – ....
     → *Qui êtes-vous ? Je suis un jeune étudiant.*

   d. она, младшая, твоя, Да, Это, сестра?, это – ....
     → *C'est ta petite sœur ? Oui, c'est elle.*

10 Mettez les expressions suivantes au pluriel. N'oubliez pas les mots irréguliers ainsi que la règle de l'incompatibilité orthographique.
Ex. большой театр → *grand théâtre* – больши́е теа́тры

   a. споко́йный ребёнок → *un enfant calme* – ....
   b. весёлая пе́сня → *un chant joyeux* – ....
   c. ова́льное зе́ркало → *un miroir ovale* – ....
   d. пра́вильный а́дрес → *une adresse correcte* – ....
   e. тёмная ночь → *une nuit sombre* – ....
   f. холо́дное мо́ре → *une mer froide* – ....
   g. у́мная сестра́ → *une sœur intelligente* – ....
   h. мой но́мер → *mon numéro* – ....
   i. великоле́пный музе́й → *un musée magnifique* – ....
   j. до́брый челове́к → *un homme bon* – ....

Bravo, vous êtes venu à bout du chapitre 9 ! Il est maintenant temps de comptabiliser les icônes et de reporter le résultat en page 128 pour l'évaluation finale.

Le verbe au présent et la conjugaison du premier groupe

Le présent : conjugaison du premier groupe

- Le système verbal russe est assez simple, il n'y a que trois temps : le présent, le passé et le futur (simple ou composé).
- Les verbes ont deux conjugaisons. Les verbes appartenant à la première conjugaison se distinguent en se terminant par **ешь** à la deuxième personne du singulier et par **ут** ou **ют** à la troisième personne du pluriel. Pour les conjuguer, il suffit d'enlever la terminaison du verbe à l'infinitif et d'ajouter les terminaisons suivantes.

Verbes au présent appartenant à la première conjugaison

делать [diélat^s], *faire*	**идти** [itti], *marcher, aller*
я дела**ю** [ia diéla-iou], *je fais*	ид**у** [idou], *je vais*
ты дела**ешь** [ty diéla-iéch], *tu fais*	ид**ёшь** [idioch], *tu vas*
он/она/оно дела**ет** [on/ana/ano diéla-iét], *il/elle/il fait*	ид**ёт** [idiot], *il/elle/il va*
мы дела**ем** [my diéla-iém], *nous faisons*	ид**ём** [idiom], *nous allons*
вы дела**ете** [vy diéla-iétié], *vous faites*	ид**ёте** [idiotié], *vous allez*
они дела**ют** [ani diéla-iout], *ils/elles font*	ид**ут** [idout], *ils/elles vont*

- Remarquez que la première personne du singulier et la troisième personne du pluriel ont une terminaison comprenant la même lettre : **ю – ют / у – ут**.
- Sachez que dans les dictionnaires, **е** et **ё** sont placés dans le même paragraphe, car ils ont été considérés pendant très longtemps comme des variantes d'une seule lettre. Voilà pourquoi ici, **ё** n'est qu'une variante de **е** ; le verbe **идти** appartient donc également à la première conjugaison.

CHAPITRE 10 : LE VERBE AU PRÉSENT ET LA CONJUGAISON DU PREMIER GROUPE

1 Ajoutez les terminaisons des verbes en fonction du sujet.

a. чит<u>а</u>ть [tchit<u>a</u>tˢ], *lire*
   1. ты чит<u>а</u> _ _ _
   2. мы чит<u>а</u> _ _
   3. он<u>и</u> чит<u>а</u> _ _

b. игр<u>а</u>ть [igr<u>a</u>tˢ], *jouer*
   1. он игр<u>а</u> _ _
   2. ты игр<u>а</u> _ _ _
   3. вы игр<u>а</u> _ _ _

c. раб<u>о</u>тать [rab<u>o</u>tatˢ], *travailler*
   1. ты раб<u>о</u>та _ _ _
   2. он<u>а</u> раб<u>о</u>та _ _
   3. он<u>и</u> раб<u>о</u>та _ _

d. покуп<u>а</u>ть [pakoup<u>a</u>tˢ], *acheter*
   1. я покуп<u>а</u> _
   2. он покуп<u>а</u> _ _
   3. ты покуп<u>а</u> _ _ _

e. д<u>у</u>мать [d<u>ou</u>matˢ], *réfléchir*
   1. ты д<u>у</u>ма _ _ _
   2. вы д<u>у</u>ма _ _ _
   3. он д<u>у</u>ма _ _

f. знать [znatˢ], *connaître, savoir*
   1. я зн<u>а</u> _
   2. мы зн<u>а</u> _ _
   3. он<u>и</u> зн<u>а</u> _ _

g. реш<u>а</u>ть [rich<u>a</u>tˢ], *décider*
   1. ты реш<u>а</u> _ _ _
   2. вы реш<u>а</u> _ _ _
   3. он<u>а</u> реш<u>а</u> _ _

h. руг<u>а</u>ть [roug<u>a</u>tˢ], *gronder*
   1. я руг<u>а</u> _
   2. он<u>и</u> руг<u>а</u> _ _
   3. вы руг<u>а</u> _ _ _

2 Retrouvez la bonne terminaison au bout du labyrinthe et déduisez le pronom correspondant.

CHAPITRE 10 : LE VERBE AU PRÉSENT ET LA CONJUGAISON DU PREMIER GROUPE

3 Accordez les verbes entre parenthèses avec les pronoms.

a. ты (идти) → .... e. она (думать) → ....

b. он (делать) → .... f. вы (покупать) → ....

c. я (решать) → .... g. оно (работать) → ....

d. мы (ругать) → .... h. они (идти) → ....

4 Complétez les verbes.

читать [tchitat{s}], lire
Ex. я читаю [tchita-iou]

нести [nisti], porter
Ex. они несут [nissout]

a. ты чита _ _ _ [tchita-iéch]

b. он чита _ _ [tchita-iét]

c. мы чита _ _ [tchita-iém]

d. вы чита _ _ _ [tchita-iétié]

e. они чита _ _ [tchita-iout]

f. я нес _ [nissou]

g. _ _ несёшь [nissioch]

h. он нес _ _ [nissiot]

i. мы нес _ _ [nissiom]

j. вы нес _ _ _ [nissiotié]

> Tout comme en français, si deux noms sont de genres différents, le pluriel qui les réunit s'accorde au masculin.

5 Terminez les phrases d'après le modèle.
Ex. Олег учитель. [aliék outchitil'] → *Oleg est instituteur.*
Татьяна тоже учительница. [tatiana tojê outchitil'nitsa] → *Tatiana est aussi institutrice.*
Они учителя. → *Ils sont instituteurs.*

a. Стас врач. [stass vratch] → *Stasse est médecin.* Анна тоже врач. [anna tojê vratch]
→ *Anna est aussi médecin.* Они .... → *Ils sont médecins.*

b. Максим студент. [maksim stoudiént] → *Maxime est étudiant.* Рита тоже студентка.
[rita tojê stoudiéntka] → *Rita est aussi étudiante.* Они .... → *Ils sont étudiants.*

c. Игорь журналист. [ig{a}r{i} journalist] → *Igor est journaliste.* Вера тоже журналистка.
[viéra tojê journalistka] → *Véra est aussi journaliste.* Они .... → *Ils sont journalistes.*

d. Иван актёр. [iva-n aktior] → *Ivan est acteur.* Елена тоже актриса. [yiliéna tojê aktrissa] → *Elena est aussi actrice.* Они .... → *Ils sont acteurs.*

CHAPITRE 10 : LE VERBE AU PRÉSENT ET LA CONJUGAISON DU PREMIER GROUPE

6 Chassez l'intrus ! Composez des paires avec les pronoms et les verbes suivants, jusqu'au dernier mot qui se retrouve tout seul.

~~они~~   знает   я   пишет   они   делаем

он   несёшь   она   ~~решают~~   думаешь   они

вы   читаете   играют   ты   идут

думают   решаю   ты   они

они-решают

7 Mettez les phrases du premier bloc au pluriel et celles du second bloc au singulier.

1
a. Я иду. [ia idou] : *Je marche.* → .... : *Nous marchons.*
b. Он работает. [on rabota-iét] : *Il travaille.* → .... : *Ils travaillent.*
c. Ты читаешь. [ty tchita-iéch] : *Tu lis.* → .... : *Vous lisez.*
d. Она делает. [ana diéla-iét] : *Elle fait.* → .... : *Elles font.*

2
a. Вы решаете. [vy richa-itié] : *Vous décidez.* → .... : *Tu décides.*
b. Они играют. [ani igra-iout] : *Ils jouent.* → .... : *Il joue.*
c. Они думают. [ani douma-iout] : *Elles réfléchissent.* → .... : *Elle réfléchit.*
d. Мы несём. [my nissiom] : *Nous portons.* → .... : *Je porte.*

CHAPITRE 10 : LE VERBE AU PRÉSENT ET LA CONJUGAISON DU PREMIER GROUPE

8 Reliez les mots masculins et féminins correspondants.

a. китаец [kita-iéts], *Chinois* •
b. кассир [kassir], *caissier* •
c. певец [piviéts], *chanteur* •
d. отец [atiéts], *père* •
e. официант [afitsant], *serveur* •
f. внук [vnouk], *petit-fils* •
g. дочь [dotch'], *fille* •
h. актёр [aktior], *acteur* •

• 1. кассирша [kassircha]
• 2. сын [syn]
• 3. мать [mat^s]
• 4. китаянка [kita-ianka]
• 5. внучка [vnoutch'ka]
• 6. актриса [aktrissa]
• 7. певица [pivitsa]
• 8. официантка [afitsantka]

Les conjonctions de coordination

Les conjonctions **и** et **а** se traduisent en français par *et*. Néanmoins, il y a une différence entre les deux : **и** relie des noms ou actions similaires alors que **а** exprime l'idée d'opposition ou de contraste et pourra même se traduire par *mais*.

N'oublions pas que le vrai *mais* existe également : **но**.

9 Complétez les phrases suivantes.

a. Мы ...., а вы поёте.
→ Nous lisons et vous chantez.

b. Ты ...., но ничего не понимаешь.
→ Tu écoutes mais ne comprends rien.

c. Я .... всё, а ты – ничего.
→ Je fais tout et toi, rien.

d. Он .... и ....
→ Il réfléchit et décide.

CHAPITRE 10 : LE VERBE AU PRÉSENT ET LA CONJUGAISON DU PREMIER GROUPE

10. Transformez les phrases selon le modèle.
Ex. Это мой брат. [êta moï brat] ➜ *C'est mon frère.*
Это мои братья. ➜ *Ce sont mes frères.*

a. Это наш ребёнок. [êta nach ribionak] ➜ *C'est notre enfant.*
.... ➜ *Ce sont nos enfants.*

b. Это твой поезд. [êta t-voï po-iést] ➜ *C'est ton train.*
.... ➜ *Ce sont tes trains.*

c. Это его планшет. [êta yivo planchêt] ➜ *C'est sa tablette.*
.... ➜ *Ce sont ses tablettes.*

d. Это моя идея. [êta mai-ia idié-ia] ➜ *C'est mon idée.*
.... ➜ *Ce sont mes idées.*

e. Это ваша проблема. [êta vacha prabliéma] ➜ *C'est votre problème.*
.... ➜ *Ce sont vos problèmes.*

f. Это их путь. [êta iH pout[s]] ➜ *C'est leur chemin.*
.... ➜ *Ce sont leurs chemins.*

g. Это её зеркало. [êta yi-io ziérkala] ➜ *C'est son miroir.*
.... ➜ *Ce sont ses miroirs.*

h. Это ваш галстук. [êta vach galstouk] ➜ *C'est votre cravate.*
.... ➜ *Ce sont vos cravates.*

Bravo, vous êtes venu à bout du chapitre 10 ! Il est maintenant temps de comptabiliser les icônes et de reporter le résultat en page 128 pour l'évaluation finale.

La conjugaison du deuxième groupe
Les chiffres

Le présent : conjugaison du deuxième groupe

Les verbes appartenant à la deuxième conjugaison se terminent par **ишь** à la deuxième personne du singulier et par **ат** ou **ят** à la troisième personne du pluriel.

Verbes au présent appartenant à la deuxième conjugaison

говор**и́**ть [gavarit^s], *parler*	сл**ы́**шать [slychat^s], *entendre*
я говор**ю́** [ia gavar-iou], *je parle*	сл**ы́**шу [slychou], *j'entends*
ты говор**и́шь** [ty gavarich], *tu parles*	сл**ы́**шишь [slychych], *tu entends*
он/она́/оно́ говор**и́т** [on/ana/ano gavarit], *il/elle/il parle*	сл**ы́**шит [slychyt], *il entend*
мы говор**и́м** [my gavarim], *nous parlons*	сл**ы́**шим [slychym], *nous entendons*
вы говор**и́те** [vy gavaritié], *vous parlez*	сл**ы́**шите [slychytié], *vous entendez*
они́ говор**я́т** [ani gavariat], *ils/elles parlent*	сл**ы́**шат [slychat], *ils/elles entendent*

L'accent tonique peut se déplacer dans les mots lors de la déclinaison ou de la conjugaison. Pour vous faciliter la tâche, nous avons souligné les accents toniques des verbes conjugués dans les exercices ci-dessous.

1 Accordez les verbes à la forme voulue.

a. держа́ть [dirjat^s], *tenir*
  1. я держ _
  2. он держ _ _
  3. оно́ держ _ _

b. говори́ть [gavarit^s], *parler*
  1. мы говор _ _
  2. ты говор _ _ _
  3. она́ говор _ _

c. смотре́ть [smatriét^s], *regarder*
  1. вы смо́тр _ _ _
  2. он смо́тр _ _
  3. они́ смо́тр _ _

d. дыша́ть [dychat^s], *respirer*
  1. мы ды́ш _ _
  2. они́ ды́ш _ _
  3. я ды́ш _

CHAPITRE 11 : LA CONJUGAISON DU DEUXIÈME GROUPE – LES CHIFFRES

e. лежать [lijat^s], *être couché*
1. ты леж _ _ _
2. вы леж _ _ _
3. она леж _ _

f. любить [lioubit^s], *aimer*
1. мы люб _ _
2. ты люб _ _ _
3. я любл _

g. видеть [vidiét^s], *voir*
1. вы вид _ _ _
2. я виж _
3. они вид _ _

h. слышать [slychat^s], *entendre*
1. я слыш _
2. ты слыш _ _ _
3. он слыш _ _

2 Trouvez le bon verbe pour chaque image.

a. я _ _ _ _ _ _ ю
[ia gavariou], *Je parle.*

b. она _ _ _ ит цветы
[ana lioubit tsvity],
Elle aime les fleurs.

c. он _ _ _ _ _ _ ит на них
[on smotrit na niH],
Il les regarde.

3 Complétez les verbes.

верить [viérit^s], *croire*
Ex. я верю [viériou]

a. ты вер _ _ [viérich]
b. он вер _ _ [viérit]
c. мы вер _ _ [viérim]
d. вы вер _ _ _ [viéritié]
e. они вер _ _ [viériat]

учить [outchit^s], *apprendre*
Ex. они учат [outchat]

a. я уч _ [outchiou]
b. ты уч _ _ _ [outchich]
c. он уч _ _ [outchit]
d. мы уч _ _ [outchim]
e. вы уч _ _ _ [outchitié]

CHAPITRE 11 : LA CONJUGAISON DU DEUXIÈME GROUPE – LES CHIFFRES

④ Complétez les verbes avec les lettres manquantes.

[vijou]	в	и		у			a. *je vois*
[viériat]	в	е	р		т		b. *ils croient*
[slychyt]	с	л		ш	и	т	c. *il/elle entend*
[gavarim]	г	о	в	о	р	и	d. *nous parlons*
[smotrich]	с	м	о	т		и	ш	ь	e. *tu regardes*

Banque de mots

здорово! [zdorava], *chouette !*
ух ты! [ouH ty], *waouh !*
ура! [oura], *hourra !*
супер! [soupiér], *super !*

давай! [dava-ï], *d'accord ! on y va ! vas-y !*
какой ужас! [kako-ï oujass], *quelle horreur !*
отлично! [atlitchna], *parfait ! génial !*
смотри! [smatri], *regarde !*

⑤ Accordez les verbes et traduisez les phrases obtenues.

a. Я смотрю телевизор. [ia smatriou tilivizar], *Je regarde la télé.*

→ ты смотр _ _ → ....

b. Он держит ключи. [on diérjyt klioutchi], *Il tient les clés.*

→ они держ _ _ → ....

c. Мы слышим их. [my slychym iH], *Nous les entendons.*

→ вы слыш _ _ _ → ....

d. Она всё видит. [ana fsio vidit], *Elle voit tout.*

→ они всё вид _ _ → ....

e. Я люблю вас. [ia lioubliou vass], *Je vous aime.*

→ мы люб _ _ → ....

CHAPITRE 11 : LA CONJUGAISON DU DEUXIÈME GROUPE – LES CHIFFRES

6 **Reliez les phrases à leur traduction.**

1. Он сл<u>ы</u>шит •
2. Б<u>а</u>бушка чит<u>а</u>ет •
3. Студ<u>е</u>нты говор<u>я</u>т •
4. Куд<u>а</u> ты идёшь? •
5. Он реш<u>а</u>ет •
6. Мы л<u>ю</u>бим бан<u>а</u>ны •
7. Что вы д<u>е</u>лаете? •
8. Д<u>е</u>ти игр<u>а</u>ют •

• a. *La grand-mère lit.*
• b. *Nous aimons les bananes.*
• c. *Où vas-tu ?*
• d. *Les enfants jouent.*
• e. *Il entend.*
• f. *Que faites-vous ?*
• g. *Les étudiants parlent.*
• h. *Il décide.*

Les chiffres

- En russe, le chiffre **1** [ad<u>i</u>n] s'accorde en genre et... en nombre !
  Ainsi dira-t-on :
  одн<u>а</u> (féminin) **в<u>и</u>лка** [adn<u>a</u> v<u>i</u>lka] → *une fourchette*
  од<u>и</u>н (masculin) **стак<u>а</u>н** [ad<u>i</u>n stak<u>a</u>-n] → *un verre*
  одн<u>о</u> (neutre) **окн<u>о</u>** [adn<u>o</u> akn<u>o</u>] → *une fenêtre*

  Au pluriel, le mot change légèrement de sens :
  д<u>е</u>ти одн<u>и</u> (pluriel) **д<u>о</u>ма** [d<u>ié</u>ti adn<u>i</u> d<u>o</u>ma] → *Les enfants sont seuls à la maison.*

- Le chiffre **2** [dva] s'accorde également, mais seulement en genre :
  дв<u>е</u> (féminin) **б<u>а</u>бочки** [dvi<u>é</u> b<u>a</u>batchki] → *deux papillons*
  два (masculin) **стол<u>а</u>** [dva stal<u>a</u>] → *deux tables*

Les autres chiffres se comportent d'une manière habituelle.

7 **Lisez les chiffres à voix haute.**

a. од<u>и</u>н, *un*
b. два, *deux*
c. три, *trois*
d. чет<u>ы</u>ре, *quatre*
e. пять, *cinq*
f. шесть, *six*
g. семь, *sept*
h. в<u>о</u>семь, *huit*
i. д<u>е</u>вять, *neuf*
j. д<u>е</u>сять, *dix*
k. ноль, *zéro*

CHAPITRE 11 : LA CONJUGAISON DU DEUXIÈME GROUPE – LES CHIFFRES

8 Accordez les chiffres quand c'est nécessaire.

a. (два) музе́я = *deux musées* → ....
b. (пять) рек = *cinq fleuves* → ....
c. (оди́н) пра́вило = *une règle* → ....
d. (два) де́вочки = *deux filles* → ....
e. (три) сёстры = *trois sœurs* → ....
f. (оди́н) до́ма = *seuls à la maison* → ....
g. (семь) дней неде́ли = *sept jours de la semaine* → ....
h. (оди́н) усло́вие = *une condition* → ....

9 Accordez le verbe et le sujet.

a. Ма́льчик (лежа́ть) на дива́не [maltchik lijyt na divanié] = *Le garçon est couché sur le divan.* → ....

b. Лю́ди (слы́шать) шум [lioudi slychat choum] = *Les gens entendent un bruit.*
→ ....

c. Что вы (говори́ть)? [chto vy gavaritié] = *Que dites-vous ?*
→ ....

d. Пожа́рные (ви́деть) дым [pajarnyié vidiat dym] = *Les pompiers voient la fumée.*
→ ....

e. Со́лнце (свети́ть) в облака́х [sontsê sviétit vablakaH] = *Le soleil rayonne dans les nuages.* → ....

f. Я (люби́ть) тебя́! [ia lioubliou tibia] = *Je t'aime !*
→ ....

g. Они́ всё (знать) [ani fsio zna-iout] = *Ils savent tout.*
→ ....

CHAPITRE 11 : LA CONJUGAISON DU DEUXIÈME GROUPE – LES CHIFFRES

10 Remplissez les bassines avec les verbes, en les classant par groupes.

знать   любить   писать   играть   слышать   держать   делать
думать   говорить   учить   работать   смотреть   идти   видеть

1ᵉʳ groupe   2ᵉ groupe

À ce stade, vous connaissez plusieurs mots de vocabulaire et vous maîtrisez plusieurs notions grammaticales. Lancez-vous dans cet exercice de traduction ! Et si certains mots vous manquent, essayez de les deviner.

11 Traduisez les phrases suivantes.

a. Актёр играет на сцене. [aktior igraiét na stsênié]
➜ ....

b. Ты читаешь интересную книгу. [ty tchita-iéch in-tiriésnou-iou knigou]
➜ ....

c. Вот телефон. – Спасибо! [vot tilifon spassi-ba]
➜ ....

d. Куда вы идёте завтра? [kouda vy idiotié zaftra]
➜ ....

e. Сегодня холодное море. [sivodnia Halodna-ié morié]
➜ ....

Bravo, vous êtes venu à bout du chapitre 11 ! Il est maintenant temps de comptabiliser les icônes et de reporter le résultat en page 128 pour l'évaluation finale.

61

La négation – Le verbe être
Les verbes réfléchis – Les ordinaux

La négation

La particule négative **не** [nié] se place directement devant le mot sur lequel porte la négation.

это не соба**ка** [êta ni-sab**a**ka] ➔ *Ce n'est pas un chien.*
я **э**то не зн**а**ю [ia **ê**ta nizn**a**-iou] ➔ *Je ne sais pas ça.*
не я **э**то зн**а**ю [ni-ia **ê**ta zn**a**-iou] ➔ *Ce n'est pas moi qui sais ça.*
я зна**ю не** **э**то [ia zn**a**-iou ni-**ê**ta] ➔ *Ce n'est pas ça que je sais* (mais autre chose).

La particule se prononce comme un seul mot avec le mot suivant et n'est pas accentuée, sauf quand elle précède le verbe *être* au passé dans les phrases impersonnelles. Par exemple : **не б**ы**ло св**е**та** [ni**é**byla svi**é**ta] ➔ *Il n'y avait pas de lumière* (littéralement : *n'était lumière*).

❶ Mettez les phrases suivantes à la forme négative.

a. **Э**то с**и**нее окн**о**. [**ê**ta s**i**nié-ié akn**o**] ➔ *C'est une fenêtre bleue.*
…………………………………………………………………, а красное.
➔ *Ce n'est pas une fenêtre bleue mais rouge.*

b. **Э**то их дочь. [**ê**ta iH dotch¹] ➔ *C'est leur fille.*
……………………………………………………… ➔ *Ce n'est pas leur fille.*

c. Я в**и**жу М**а**шу. [ia v**i**jou m**a**chou] ➔ *Je vois Macha.*
……………………………………………………… ➔ *Je ne vois pas Macha.*

d. Я в**и**жу М**а**шу. [ia v**i**jou m**a**chou] ➔ *Je vois Macha.*
……………………………………………………… ➔ *Ce n'est pas Macha que je vois.*

CHAPITRE 12 : LA NÉGATION – LE VERBE ÊTRE – LES VERBES RÉFLÉCHIS – LES ORDINAUX

Le verbe быть, *être*

- Le verbe **быть** [byt^s], *être*, n'est pas marqué au présent (**кто ты?** [kto ty], *qui es-tu ?* (littéralement : *qui tu ?*), sauf la troisième personne du singulier **есть** qui marque la présence de quelque chose : **есть новости?** [iést^s novasti] ➔ *Y a-t-il des nouvelles ?* (littéralement : *est nouvelles ?*) ; **у меня есть время** [ou minia iest^s vriémia] ➔ *J'ai le temps* (littéralement : *chez moi est le temps*).
- Pour mettre une phrase avec **есть** à la forme négative, on remplace **есть** par le mot **нет** [niét], *non*, suivi du nom décliné au génitif.
- Le verbe **быть** est très utile au passé et au futur car il participe à la formation de certaines structures composées.

Le verbe быть au futur

La conjugaison au futur reprend les terminaisons du présent de la première conjugaison avec la base irrégulière **буд**.

быть [byt^s], *être*

я буду [ia boudou]

ты будешь [ty boud^{ié}ch]

он/она/оно будет [on/ana/ano boud^{ié}t]

мы будем [my boud^{ié}m]

вы будете [vy boud^{ié}tié]

они будут [ani boudout]

Rappelez-vous que les lettres en exposant nous signalent la prononciation très atténuée du son.

Le verbe быть au passé

Le passé du verbe **быть** est simple : il reprend les terminaisons des noms !

On ajoute à la base **был** (le passé masculin) **a** pour le féminin, **o** pour le neutre et **и** pour le pluriel. Facile, n'est-ce pas ?

быть [byt^s], *être*

был [byl] (masculin)   **было** [byl^a] (neutre)

была [byla] (féminin)   **были** [byli] (pluriel)

CHAPITRE 12 : LA NÉGATION – LE VERBE ÊTRE – LES VERBES RÉFLÉCHIS – LES ORDINAUX

2 Complétez les phrases suivantes.

a. У него ☐☐☐☐ ☐☐☐☐. [ou nivo iést[s] brat] → Il a un frère.

b. ☐☐☐☐☐ ☐☐☐☐. Много людей [zdiéss[i] iést[s] mnoga lioudiéï] → Ici, il y a beaucoup de gens.

c. ☐☐☐☐ есть ☐☐☐☐. [doma iést[s] Hliép] → Il y a du [le] pain à la maison.

d. У меня ☐☐☐☐ ☐☐☐☐☐☐. [ou minia iést[s] sabaka] → J'ai un chien.

e. ☐☐☐☐☐ есть ☐☐☐☐ ? [zdiéss[i] iést[s] vada] → Ici, y a-t-il de l'eau ?

f. В небе есть ☐☐☐☐☐☐. [vniébié iést[s] zviozdy] → Il y a des étoiles dans le ciel.

g. Там ☐☐☐ дождя. [tam niét dajdia] → Il n'y a pas de pluie.

h. ☐☐☐☐☐☐☐☐ в программе есть ☐☐☐☐☐. [sivodnia fpragramié iést[s] film] → Aujourd'hui, il y a un film au programme.

3 Choisissez la bonne forme du verbe pour chaque image.

a. был   b. была   c. было   d. были

CHAPITRE 12 : LA NÉGATION – LE VERBE ÊTRE – LES VERBES RÉFLÉCHIS – LES ORDINAUX

4 Accordez le verbe avec le sujet.

a. Это (быть) .... весёлый праздник. [êta boud^{ié}t vissiolyï praznik]
→ *Ce sera une fête joyeuse.*

b. Где ты (быть) .... после? [gdié ty boud^{ié}ch poslié] → *Où seras-tu après ?*

c. В среду мы (быть) .... в Москве. [fsriédou my boud^{ié}m vmaskvié]
→ *Mercredi, nous serons à Moscou.*

d. Сегодня вечером они (быть) .... дома. [sivodnia viétchirom ani boudout doma]
→ *Ce soir, ils seront à la maison.*

e. Завтра (быть) .... хорошая погода. [zaftra boud^{ié}t Harocha-ia pagoda]
→ *Demain, il fera beau.*

f. Я всегда (быть) .... с тобой. [ia fsigda boudou staboï]
→ *Je serai toujours avec toi.*

Les verbes réfléchis

Les verbes réfléchis ont la même conjugaison que les verbes non réfléchis. Pour former un verbe réfléchi, on ajoute au verbe conjugué (au présent, au passé ou au futur) la terminaison **ся** (si le verbe se termine par une consonne) ou **сь** (si le verbe se termine par une voyelle).

ругаться [rougatsa], *se disputer, jurer*	**держаться** [dirjatsa], *se tenir, tenir bon*
я руга́ю + сь [ia rouga-ioussⁱ], *je me dispute*	**держу́ + сь** [dirjoussⁱ], *je me tiens*
ты руга́ешь + ся [ty rouga-ichsia], *tu te disputes*	**де́ржишь + ся** [diérjychsia], *tu te tiens*
он/она́/оно́ руга́ет + ся [on/ana/ano rouga-itsa], *il/elle/il se dispute*	**де́ржит + ся** [diérjytsa], *il/elle/il se tient*
мы руга́ем + ся [my rouga-imsia], *nous nous disputons*	**де́ржим + ся** [diérjymsia], *nous nous tenons*
вы руга́ете + сь [vy rouga-iétéssⁱ], *vous vous disputez*	**де́ржите + сь** [diérjytiéssⁱ], *vous vous tenez*
они́ руга́ют + ся [ani rouga-ioutsa], *ils/elles se disputent*	**де́ржат + ся** [diérjatsa], *ils/elles se tiennent*

CHAPITRE 12 : LA NÉGATION – LE VERBE ÊTRE – LES VERBES RÉFLÉCHIS – LES ORDINAUX

5 Mettez la bonne terminaison.

a. делаться [diélatsa], *se faire*
   1. я делаю _ _
   2. оно делает _ _
   3. они делают _ _

b. обидеться [abidiétsa], *se vexer*
   1. мы обидим _ _
   2. они обидят _ _
   3. я обижу _ _

c. решаться [richatsa], *se décider*
   1. ты решаешь _ _
   2. вы решаете _ _
   3. она решает _ _

d. лечиться [litchitsa], *étudier, apprendre*
   1. я лечу _ _
   2. они лечат _ _
   3. он лечит _ _

e. слушаться [slouchatsa], *obéir*
   1. мы слушаем _ _
   2. ты слушаешь _ _
   3. я слушаю _ _

f. видеться [vidiétsa], *se voir*
   1. вы видете _ _
   2. я вижу _ _
   3. они видят _ _

g. договориться [dagavaritsa], *se mettre d'accord, s'entendre*
   1. я договорю _ _
   2. ты договоришь _ _
   3. мы договорим _ _

h. учиться [outchitsa], *étudier, apprendre*
   1. я учу _ _
   2. он учит _ _
   3. вы учите _ _

6 Reliez les mots à leur traduction.

1. учить •
2. ругаться •
3. дышать •
4. слышать •
5. обидеться •
6. писаться •
7. ругать •
8. читать •

• a. *entendre*
• b. *lire*
• c. *se vexer*
• d. *respirer*
• e. *se disputer*
• f. *apprendre*
• g. *gronder*
• h. *s'écrire*

Banque de mots

тихо [tiHa], *doucement*
громко [gromka], *bruyamment*
важно [vajna], *important*
поздно [pozna], *tard*
рано [rana], *tôt*
раньше [ragnechê], *plus tôt*
позже [pojjê], *plus tard*
трудно [troudna], *difficilement, dur*
легко [liHko], *facile, légèrement*
очень [otchigne], *très*

CHAPITRE 12 : LA NÉGATION – LE VERBE ÊTRE – LES VERBES RÉFLÉCHIS – LES ORDINAUX

7 Traduisez les phrases suivantes.

a. Алло! Кто говорит? [alo kto gavarit]
→ ....

b. Это очень важно! [êta otchigne vajna]
→ ....

c. Почему он весёлый? [patchimou on vissiolyï]
→ ....

d. Всё будет хорошо. [fsio boudiét Haracho]
→ ....

e. Где кофе? [gdié kofié]
→ ....

f. Он – японец, а она – американка. [on yiponiéts aana amiérikanka]
→ ....

g. Дети идут прямо. [diéti idout priama]
→ ....

h. Это ваша проблема. [êta vacha prabliéma]
→ ....

8 Choisissez la bonne forme verbale.

a. Олег … в театр,
Oleg va au théâtre.
1. иду
2. идёт
3. смотрит

b. Я … детей,
Je gronde les enfants.
1. ругаюсь
2. ругаемся
3. ругаю

c. Они …,
Ils respirent.
1. дышат
2. говорит
3. работают

d. Я вам …,
Je vous crois.
1. верю
2. веришь
3. вижу

e. Ты … нож,
Tu tiens un couteau.
1. держиш
2. держишь
3. держит

f. Мы … жизнь,
Nous aimons la vie.
1. люблю
2. любите
3. любим

g. Мои родители много …, *Mes parents travaillent beaucoup.*
1. делают
2. работают
3. читают

CHAPITRE 12 : LA NÉGATION – LE VERBE ÊTRE – LES VERBES RÉFLÉCHIS – LES ORDINAUX

Les ordinaux

- Les ordinaux ont les mêmes terminaisons que les adjectifs. Pour en former un, il faut enlever le signe mou d'un cardinal et ajouter une des terminaisons adjectivales : **пять** [piat^s], *cinq* – **пят** + **ый** ➜ **пятый** [piatyï], *cinquième*.
- Tout comme les adjectifs, les ordinaux s'accordent avec le nom en genre et nombre. Ils se déclinent également : **пятый** (masculin), **пятая** (féminin), **пятое** (neutre), **пятые** (pluriel). La forme du pluriel est la même pour les trois genres.
- Le cardinal **три** forme un ordinal un peu différent : **третий** [triétiï] ; **третья** [triét^s-ia] ; **третье** [triét^s-ié] ; **третьи** [triét^s-yi].
- L'accent tonique est final dans les ordinaux suivants : **нулево́й** [noulivoï], *nulle, zéro* ; **второ́й** [ftaroï], *deuxième* ; **шесто́й** [chystoï], *sixième* ; **седьмо́й** [sid'moï], *septième* ; **восьмо́й** [vass'moï], *huitième*.

9 Accordez les ordinaux avec les noms.

a. пя́т __ ряд ➜ *cinquième rangée*

b. пе́рв __ кни́га ➜ *premier livre*

c. тре́т __ сестра́ ➜ *troisième sœur*

d. нуле́в __ киломе́тр ➜ *kilomètre zéro*

e. шест __ перча́тки ➜ *sixièmes gants*

f. втор __ чте́ние ➜ *deuxième lecture*

g. восьм __ раз ➜ *huitième fois*

h. деся́т __ челове́к ➜ *dixième personne*

i. четвёрт __ зда́ние ➜ *quatrième bâtiment*

j. седьм __ не́бо ➜ *septième ciel*

10 Conjuguez le verbe à la forme voulue. Ex. Ты идёшь [ty idioch] – Он идёт

a. Вы игра́ете [vy igra-iétié] ➜ Ты ....

b. Мы лю́бим [my lioubim] ➜ Я ....

c. Он говори́т [on gavarit] ➜ Они́ ....

d. Они́ слу́шают [ani sloucha-iout] ➜ Он ....

e. Ты ви́дишь [ty vidich] ➜ Я ....

f. Я ду́маю [ia douma-iou] ➜ Вы ....

Bravo, vous êtes venu à bout du chapitre 12 ! Il est maintenant temps de comptabiliser les icônes et de reporter le résultat en page 128 pour l'évaluation finale.

Les verbes de position
Verbes perfectifs et imperfectifs

Les verbes de position : les objets

En russe, certains verbes permettent de situer un objet dans l'espace. Ainsi, le choix du verbe est conditionné par le positionnement de l'objet : si l'on pose l'objet horizontalement, on utilisera le verbe **класть** [klast^s], *mettre horizontalement* ; pour un objet que l'on pose verticalement, on dira **ставить** [stavit^s], *mettre verticalement* ; si l'on suspend quelque chose, on utilisera **вешать** [viéchat^s], *mettre en accrochant, suspendre*.

- Le verbe **класть** se conjugue de façon un peu particulière. C'est un verbe du premier groupe en **ё** avec la base **клад** : **я кладу, ты кладёшь, они кладут**.
- Le verbe **ставить** est un verbe du deuxième groupe dont la première personne du singulier a une forme particulière. Pour les autres personnes, sa conjugaison est régulière : **я ставлю, ты ставишь, они ставят**.

Les verbes de position : les personnes

Pour parler de la position d'une personne, on utilisera un des verbes suivants : **стоять** [sta-iat^s], *être debout* ; **сидеть** [sidiét^s], *être assis* ; **лежать** [lijat^s], *être allongé, couché*. Ces trois verbes appartiennent au deuxième groupe. Attention cependant :

- La base de la première personne du singulier du verbe **сидеть** est **сиж** ; le reste de la conjugaison est régulier : **я сижу, ты сидишь, они сидят**.
- Le verbe **стоять**, *être debout*, se conjugue au présent de façon identique au verbe **стоить** [sto-ït^s], *coûter, valoir*, et seul l'accent tonique peut faire la différence.

стоять [sta-iat^s], *être debout*	**стоить** [sto-ït^s], *coûter*
я стою [ia sta-iou]	стою [sto-iou]
ты стоишь [ty sta-ich]	стоишь [sto-ich]
он/она/оно стоит [on/ana/ano sta-it]	стоит [sto-it]
мы стоим [my sta-im]	стоим [sto-im]
вы стоите [vy sta-itié]	стоите [sto-itié]
они стоят [ani sta-iat]	стоят [sto-iat]

CHAPITRE 13 : LES VERBES DE POSITION – VERBES PERFECTIFS ET IMPERFECTIFS

1 Ajoutez les terminaisons des formes conjuguées.

a. класть [klastˢ], *mettre horizontalement*
   1. я клад _
   2. мы клад _ _
   3. она клад _ _

b. стоить [sto-ïtˢ], *coûter*
   1. ты сто _ _ _
   2. он сто _ _
   3. они сто _ _

c. вешать [viéchatˢ], *mettre en accrochant, suspendre*
   1. вы веша _ _ _
   2. они веша _ _
   3. она веша _ _

d. лежать [lijatˢ], *être couché*
   1. ты леж _ _ _
   2. я леж _
   3. мы леж _ _

e. ставить [stavitˢ], *mettre verticalement*
   1. вы став _ _ _
   2. мы став _ _
   3. я ставл _

f. сидеть [sidiétˢ], *être assis*
   1. вы сид _ _ _
   2. я сиж _
   3. они сид _ _

g. стоять [sta-iatˢ], *être debout*
   1. оно сто _ _
   2. ты сто _ _ _
   3. мы сто _ _

2 Attribuez un verbe à chaque image.

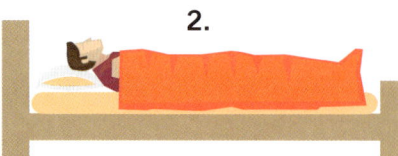

- a. лежать
- b. класть
- c. стоять
- d. ставить
- e. сидеть
- f. вешать

CHAPITRE 13 : LES VERBES DE POSITION – VERBES PERFECTIFS ET IMPERFECTIFS

3 Mettez les verbes entre parenthèses à la bonne forme.

a. Это того не (стоить). [êta tavo nisto-it] → *Cela ne vaut pas le coup.*
→ ....

b. Куда они (идти)? [kouda ani idout] → *Où vont-ils ?*
→ ....

c. Он всё ещё (лежать). [on fsio yischio lijyt] → *Il est toujours couché.*
→ ....

d. Я (вешать) пальто в шкаф. [ia viécha-iou pal'to fchkaf] → *Je mets le manteau dans l'armoire.*
→ ....

e. Она (стоять) у окна. [ana sta-it ou akna] → *Elle est (debout) à côté de la fenêtre.*
→ ....

f. Папа (сидеть) в кресле. [papa sidit fkriéslié] → *Papa est assis dans le fauteuil.*
→ ....

4 Mettez les phrases au pluriel. Chaque trait équivaut à une lettre.
Ex. Дерево стоит в поле [diériva sta-it fpolié] → *L'arbre est dans le champ.*
→ _ _ _ _ _ _ _ _ _ _ _ в поле. → Деревья стоят в поле → *Les arbres sont dans le champ.*

a. Ребёнок сидит на диване. [ribionak sidit nadivanié] → *L'enfant est assis sur le divan.*
→ _ _ _ _ сид _ _ на диване. → *Les enfants sont assis sur le divan.*

b. Сколько стоит эта груша? [skol'ka sto-it êta groucha] → *Combien coûte cette poire ?*
→ Сколько сто _ _ эти _ _ _ _ ? → *Combien coûtent ces poires ?*

c. Я ставлю бутылку на стол. [ia stavliou boutylkou nastol] → *Je mets la bouteille sur la table.* → _ _ став _ _ бутылку на стол. → *Nous mettons la bouteille sur la table.*

d. Мальчик кладёт тетрадь в сумку. [mal'tchik kladiot titrat^s fsoumkou]
→ *Le garçon met le cahier dans le sac.* → _ _ _ _ _ _ _ _ клад _ _ тетрадь в сумку. → *Les garçons mettent le cahier dans le sac.*

CHAPITRE 13 : LES VERBES DE POSITION – VERBES PERFECTIFS ET IMPERFECTIFS

5 Remettez les lettres dans l'ordre pour découvrir des mots liés à la nourriture.
Ex. ОНВИ, *vin* → вино

a. ОЛООКМ, *lait* → ....
b. ЫРС, *fromage* → ....
c. ЗАРУБ, *pastèque* → ....
d. НАБНА, *banane* → ....
e. СОЛАКАБ, *saucisson* → ....
f. БОЛЯОК, *pomme* → ....

Verbes imperfectifs et perfectifs

Les verbes russes ont deux « aspects » : imperfectif et perfectif. Ainsi, à un verbe français correspondent deux verbes russes, qu'on apprend par « paires » : *faire*, **делать** [diélat^s] – **сделать** [zdiélat^s] ; *dire, parler*, **говорить** [gavarit^s] – **сказать** [skazat^s] ; *décider*, **решать** [richat^s] – **решить** [richyt^s] ; *voir*, **видеть** [vidiét^s] – **увидеть** [ouvidiét^s], etc.

Le choix de l'« aspect » est conditionné par le point de vue depuis lequel on envisage l'action.

- L'imperfectif exprime une action répétée ou habituelle. Il est souvent accompagné de mots qui soulignent la fréquence ou la répétitivité de l'action : **часто** [tchasta], *souvent* ; **всегда** [fsigda], *toujours* ; **постоянно** [pasta-ianna], *en permanence, constamment* ; **обычно** [abytchna], *d'habitude* ; **каждый день** [kajdyï diégne], *chaque jour*, etc. L'imperfectif met l'accent sur l'action elle-même, son déroulement, sans se préoccuper de son résultat : **он долго читал книгу** [on dolga tchital knigou] → *Il lisait un livre depuis longtemps* (on ne sait pas s'il a lu le livre en entier, on met seulement en avant le fait qu'il ait lu) ; **она часто говорит с этим человеком** [ana tchasta gavarit sêtim tchilaviékam] → *Elle parle souvent avec cette personne* (action répétée).

- Le perfectif décrit une action ponctuelle, circonstanciée et qui a un résultat. Il peut permettre de décrire des actions qui se produisent l'une après l'autre. Par exemple : **он прочитал книгу** [on pratchital knigou] → *Il a lu un livre* (entièrement) ; **она что-то сказала этому человеку и ушла** [ana chtota skazala êtamou tchilaviékou i ouchla] → *Elle a dit quelque chose à cette personne* (action terminée qui a forcément un résultat) *et est partie* (action qui se produit après la première action).

CHAPITRE 13 : LES VERBES DE POSITION – VERBES PERFECTIFS ET IMPERFECTIFS

6 Classez les verbes des phrases suivantes en deux colonnes, selon qu'ils sont imperfectifs ou perfectifs.

				I	P
a.	Он всегда здесь ходит	[on fsigda zdiéssⁱ Hodit]	Il passe (va) toujours ici.		
b.	Я поем и пойду спать	[ia pa-iém i païdou spat^s]	Je mangerai et j'irai dormir.		
c.	Увидел её и влюбился	[ouvid^{ié}l yiyo i vlioubilsia]	Il l'a vue et il est tombé amoureux.		
d.	Они долго говорили	[ani dolga gavarili]	Ils ont parlé pendant longtemps.		
e.	Ты сломал ногу?	[ty slamal nogou]	Tu t'es cassé une jambe ?		
f.	Мы внимательно слушаем тебя	[my vnimatilⁱna sloucha-iém tibia]	Nous t'écoutons attentivement.		

7 Trouvez dans la liste le perfectif associé à chacun des imperfectifs suivants.

Imperfectif

a. говорить [gavarit^s], *parler* → _____
b. читать [tchitat^s], *lire* → _____
c. ломать [lamat^s], *casser* → _____
d. есть [iést^s], *manger* → _____
e. идти [itti], *aller, passer, marcher* → _____
f. делать [diélat^s], *faire* → _____
g. покупать [pakoupat^s], *acheter* → _____
h. решать [richat^s], *décider* → _____

Perfectif

сделать, решить, сказать, съесть, пойти, прочитать, купить, сломать

Banque de mots

кинотеатр [kinati-atr], *cinéma*
ресторан [ristaran], *restaurant*
театр [ti-atr], *théâtre*
театр оперы и балета [ti-atr opiry i baliéta], *opéra (litt. : théâtre d'opéra et de ballet)*

музей [mouzié-ï], *musée*
выставка [vystafka], *exposition*
школа [chkola], *école*
университет [ouniv^{ié}rsitiét], *université*
библиотека [bibli-atiéka], *bibliothèque*

CHAPITRE 13 : LES VERBES DE POSITION – VERBES PERFECTIFS ET IMPERFECTIFS

Particularités du perfectif

- Les verbes perfectifs n'ont pas de présent car ils ne décrivent pas une action en train de se dérouler. En revanche, en ajoutant à ces verbes les terminaisons du présent que vous connaissez déjà, vous obtiendrez le futur : **я делаю уроки** [ia diéla-iou ouroki] ➜ *Je fais mes devoirs* ; **я сделаю уроки** [ia zdiéla-iou ouroki] ➜ *Je ferai mes devoirs*.
- La consonne finale de la base du verbe perfectif **сказать** [skazat^s], *dire*, change lors de la conjugaison : **сказ-ать, я скажу** [ia skajou], **ты скажешь** [ty skajêch], **они скажут** [ani skajout].

8 Remplacez les verbes perfectifs par des verbes imperfectifs dans les phrases suivantes et traduisez-les.

a. Мы поедем в театр [my pa-iéd^{ié}m fti-atr], *Nous irons au théâtre.*

➜ Мы _ _ _ _ в театр.

➜ ....

b. Люди пойдут на работу [lioudi pa-ïdout narabotou], *Les gens iront au travail.*

➜ Люди _ _ _ _ на работу.

➜ ....

c. Директор решит за нас [diriéktar richyt zanass], *Le directeur décidera pour nous.*

➜ Директор _ _ _ _ _ _ за нас.

➜ ....

d. Ученик сделает уроки сам [outchinik zdiéla-iét ouroki sam], *L'élève fera les devoirs lui-même.*

➜ Ученик _ _ _ _ _ _ уроки сам.

➜ ....

e. Мама скажет ему всё [mama skajêt iémou fsio], *Maman lui dira tout.*

➜ Мама _ _ _ _ _ _ _ ему всё.

➜ ....

f. Ты сломаешь стул! [ty slama-iéch stoul], *Tu casseras la chaise !*

➜ Ты _ _ _ _ _ _ _ стул!

➜ ....

CHAPITRE 13 : LES VERBES DE POSITION – VERBES PERFECTIFS ET IMPERFECTIFS

9 Ajoutez les terminaisons verbales.

a. сломать [slamat{s}], *casser*
1. я слома _
2. он слома _ _
3. вы слома _ _ _

b. покупать [pakoupat{s}], *acheter*
1. мы покупа _ _
2. они покупа _ _
3. она покупа _ _

c. решить [richyt{s}], *décider*
1. ты реш _ _ _
2. он реш _ _
3. вы реш _ _ _

d. работать [rabotat{s}], *travailler*
1. мы работа _ _
2. я работа _
3. они работа _ _

e. купить [koupit{s}], *acheter*
1. он куп _ _
2. вы куп _ _ _
3. я куп _ _

f. желать [jylat{s}], *désirer, vouloir*
1. мы жела _ _
2. они жела _ _
3. она жела _ _

g. узнать [ouznat{s}], *apprendre, savoir*
1. я узна _
2. вы узна _ _ _
3. он узна _ _

h. сказать [skazat{s}], *dire*
1. ты скаж _ _ _
2. мы скаж _ _
3. она скаж _ _

10 Retrouvez les mots du quotidien dans la maison qui se cachent dans la grille ci-dessous.

a. С
b. С
c. Л
d. Д
e. К
f. П
g. З
h. П

a. *table*   e. *fauteuil*
b. *chaise*   f. *oreiller*
c. *lampe*   g. *miroir*
d. *divan*   h. *serviette*

Bravo, vous êtes venu à bout du chapitre 13 ! Il est maintenant temps de comptabiliser les icônes et de reporter le résultat en page 128 pour l'évaluation finale.

14
Les verbes irréguliers – Le passé

Les verbes irréguliers

Certains verbes russes ont une conjugaison irrégulière. Parfois l'irrégularité porte seulement sur la première personne du singulier (parfois sur la troisième personne du pluriel), dont une des lettres de la base change. Vous l'avez vu dans le chapitre précédent avec l'exemple du verbe **сказать**, *dire*.

Le verbe хотеть

Le verbe **хотеть** [Hatiet{s}], *vouloir*, permet de former des structures exprimant des envies comme « *j'ai faim* », « *j'ai soif* », « *j'ai sommeil* », etc. Il suffit d'ajouter l'infinitif du verbe à **хотеть** : **я хочу есть** [ia Hatchou iést{s}] ➔ *j'ai faim* ; **он хочет спать** [on Hotchiét spat{s}] ➔ *il a sommeil*.

Son perfectif est **захотеть** [zaHatiet{s}]. Non seulement ce verbe change de consonne de base et son accent se déplace, mais en plus, il appartient à la première conjugaison au singulier et à la deuxième conjugaison au pluriel !

я хочу [ia Hatchiou]
ты хочешь [ty Hotchiéch]
он/она/оно хочет [on/ana/ano Hotchiét]
мы хотим [my Hatim]
вы хотите [vy Hatitié]
они хотят [ani Hatiat]

Le verbe есть

Le perfectif du verbe **есть** [iest{s}], *manger*, est **съесть** [s°iést{s}].

я ем [ia iém]
ты ешь [ty iéch]
он/она/оно ест [on/ana/ano iést]
мы едим [my iédim]
вы едите [vy iéditié]
они едят [ani iédiat]

Le verbe звать

Le perfectif du verbe **звать** [zvat{s}], *appeler*, est **позвать** [pazvat{s}].

я зову [ia zavou]
ты зовёшь [ty zavioch]
он/она/оно зовёт [on/ana/ano zaviot]
мы зовём [my zaviom]
вы зовёте [vy zaviotié]
они зовут [ani zavout]

CHAPITRE 14 : LES VERBES IRRÉGULIERS – LE PASSÉ

Le verbe пить

Le perfectif du verbe **пить** [pit^s], *boire*, est **вы́пить** [v<u>y</u>pit^s].

я пью [ia piou]
ты пьёшь [ty pioch]
он/он<u>а</u>/он<u>о</u> пьёт [on/an<u>a</u>/an<u>o</u> piot]
мы пьём [my piom]
вы пьёте [vy pi<u>o</u>tié]
он<u>и</u> пьют [an<u>i</u> piout]

Reliez le verbe à l'infinitif à sa forme conjuguée.

1. дать •   • a. ем
2. есть •   • b. сплю
3. пить •   • c. зов<u>у</u>т
4. спать •   • d. дад<u>и</u>м
5. звать •   • e. пьёшь

Le verbe спать

Le verbe **спать** [spat^s], *dormir*, est particulier seulement à la première personne du singulier, ensuite sa conjugaison est régulière.

я сплю [ia spliou]
ты спишь [ty spich]
он/он<u>а</u>/он<u>о</u> спит [on/an<u>a</u>/an<u>o</u> spit]
мы спим [my spim]
вы сп<u>и</u>те [vy sp<u>i</u>tié]
он<u>и</u> спят [an<u>i</u> spiat]

 Complétez les phrases avec les verbes conjugués de la liste.

да**ё**те / зов**у**т / дам / игр**а**ет / хот**и**м / даст / хоч**у** / спит

a. Ол**е**г ...., а В**а**ля .... → *Oleg dort et Valia joue.*

b. Вы .... им кн<u>и</u>ги. → *Vous leur donnez des livres.*

c. Я .... спать. → *J'ai sommeil.*

d. Он .... мне свой н<u>о</u>мер. → *Il me donnera son numéro.*

e. Я .... теб<u>е</u> всё, что н<u>у</u>жно. → *Je te donnerai tout ce qu'il faut.*

f. Как теб<u>я</u> ....? → *Comment t'appelles-tu ?*

g. Мы .... пить. → *Nous avons soif.*

CHAPITRE 14 : LES VERBES IRRÉGULIERS – LE PASSÉ

Le verbe мочь

La base du verbe **мочь** [motch{i}], *pouvoir*, est **мог** à la première personne du singulier et à la troisième personne du pluriel, et **мож** à toutes les autres personnes. Son perfectif est **смочь** [s-motch{i}].

я мог**у** [ia mag<u>ou</u>]	мы м**о**жем [my m<u>o</u>jêm]
ты м**о**жешь [ty m<u>o</u>jêch]	вы м**о**жете [vy m<u>o</u>jêtié]
он/он**а**/он**о** м**о**жет [on/an<u>a</u>/an<u>o</u> m<u>o</u>jêt]	он**и** м**о**гут [an<u>i</u> m<u>o</u>gout]

3 Une grand-mère russe adore nourrir ses invités ! Complétez la description de ce festin gastronomique en conjuguant les mots entre parenthèses.

a. Мы всегд**а** мн**о**го (есть) .... у б**а**бушки. ➔ *Nous mangeons toujours beaucoup chez la grand-mère.*

b. <u>У</u>тром я (есть) .... блин**ы** и (пить) .... гор**я**чий чай.
➔ *Le matin, je mange des blinis et je bois du thé chaud.*

c. На об**е**д мы всегд**а** (есть) .... борщ с хл**е**бом. ➔ *Au déjeuner, nous mangeons toujours un bortsch avec du pain.*

d. Когд**а** я (хот**е**ть) .... есть п**о**сле об**е**да, б**а**бушка (д**е**лать) .... мне пирожк**и**. ➔ *Quand j'ai faim après le déjeuner, grand-mère me prépare (fait) des petits pâtés.*

e. Он**а о**чень хорош**о** (гот**о**вить) .... ➔ *Elle cuisine très bien.*

f. Когд**а** мы (хот**е**ть) .... спать, б**а**бушка (дав**а**ть) .... нам молок**о**. ➔ *Quand nous avons sommeil, grand-mère nous donne du lait.*

g. А что вы (есть) и (пить) .... у в**а**шей б**а**бушки? ➔ *Et vous, qu'est-ce que vous mangez et buvez chez votre grand-mère ?*

Le verbe давать

Il est intéressant d'observer la conjugaison de l'imperfectif **давать** [davat{s}], *donner*, et de son perfectif **дать** [dat{s}], *donner*. Au présent, **давать** perd son suffixe **ва** ; le perfectif **дать** se conjugue aussi d'une manière particulière, car il change de groupe au cours de la conjugaison.

дава-ть / да-ть	
я да**ю** [ia da-i<u>ou</u>] / **дам** [dam]	мы да**ём** [my da-i<u>om</u>] / **дад**и**м** [dad<u>i</u>m]
ты да**ёшь** [ty da-i<u>och</u>] / **дашь** [dach]	вы да**ёте** [vy da-i<u>o</u>tié] / **дад**и**те** [dad<u>i</u>tié]
он/он**а**/он**о** да**ёт** [on/an<u>a</u>/an<u>o</u> da-i<u>ot</u>] / **даст** [dast]	он**и** да**ют** [an<u>i</u> da-i<u>out</u>] / **дад**у**т** [dad<u>ou</u>t]

CHAPITRE 14 : LES VERBES IRRÉGULIERS – LE PASSÉ

Le passé

- Le passé est extrêmement simple en russe. On ajoute à l'infinitif les terminaisons suivantes : **л** pour le masculin, **ла** pour le féminin, **ло** pour le neutre et **ли** pour tous les genres au pluriel.

Les verbes dont la base change lors de la conjugaison au présent reprennent leur forme « normale » au passé : **давать** ➜ **давал**, **любить** ➜ **любил**, **спать** ➜ **спал**.

- Le passé des verbes réfléchis est formé de la même manière, avec l'ajout de la terminaison **ся** pour le masculin et **сь** pour le féminin, le neutre et le pluriel.

учиться [outchitsa], *étudier*

учился ➜ *il étudiait*		**училось** ➜ *cela s'étudiait*
училась ➜ *elle étudiait*		**учились** ➜ *ils (elles) étudiaient*

 Mettez les verbes suivants au passé, en les accordant avec le sujet.

a. делать [diélat⁽ˢ⁾], *faire* ➜ он _____
b. захотеть [zaHatiét⁽ˢ⁾], *vouloir* ➜ они _____
c. звать [zvat⁽ˢ⁾], *appeler* ➜ ты _____
d. давать [davat⁽ˢ⁾], *donner* ➜ я _____
e. сидеть [sidiét⁽ˢ⁾], *être assis* ➜ она _____
f. ругаться [rougatsa], *se disputer* ➜ они _____
g. видеть [vidiét⁽ˢ⁾], *voir* ➜ он _____

> À part pour quelques verbes irréguliers, le passé de tous les verbes se forme de la même manière.

Verbes irréguliers au passé

Voici les quelques verbes irréguliers à retenir.

идти [itti], *aller à pied* : шёл, шла, шло, шли (et son perfectif **пойти** : пошёл, пошла, etc.)
мочь [motchⁱ], *pouvoir* : мог, могла, могло, могли
есть [iést⁽ˢ⁾], *manger* : ел, ела, ело, ели
умереть [oumiriét⁽ˢ⁾], *mourir* : умер, умерла, умерло, умерли

CHAPITRE 14 : LES VERBES IRRÉGULIERS – LE PASSÉ

5 Mettez ces verbes irréguliers au passé.

a. идти [itti], *aller, marcher* → мы _____

b. есть [iést^s], *manger* → вы _____

c. мочь [motchⁱ], *pouvoir* → оно _____

d. умереть [oumiriét^s], *mourir* → он _____

e. пойти [païti], *aller, marcher* → они _____

Les saisons

лето [liéta], *été*
летом [liétam], *en été*
осень [ossigne], *automne*
осенью [ossigne-iou], *à l'automne*
зима [zima], *hiver*
зимой [zimoï], *en hiver*
весна [visna], *printemps*
весной [visnoï], *au printemps*

6 Reliez chaque sujet au bon verbe.

1. брат [brat], *le frère* •   • a. стоило [sto-ila]

2. колёса [kaliossa], *les roues* •   • b. пошёл в кино [pachol fkino]

3. зеркало [ziérkala], *le miroir* •   • c. сломались [slamalissⁱ]

4. жена [jyna], *l'épouse* •   • d. стояла [sta-iala]

Les verbes мочь et уметь

Les verbes **мочь**, *pouvoir*, et **уметь**, *savoir faire*, appartiennent à la première conjugaison. On peut ajouter au verbe **мочь** un imperfectif ou un perfectif, tandis que seul l'imperfectif suivra **уметь** : **я могу иногда делать это** [ia magou inagda diélat^s êta] → *Je peux le faire parfois* ; **я могу сделать это** [ia magou zdiélat^s êta] → *Je peux le faire* ; **я умею делать это** [ia oumié-iou diélat^s êta] → *Je sais le faire.*

CHAPITRE 14 : LES VERBES IRRÉGULIERS – LE PASSÉ

7 Trouvez la bonne terminaison des verbes.

a. ю b. ют c. ёт d. ем e. ёшь f. ешь

1. Мама зов ………… малыша. → Maman appelle le petit.

2. Лина, куда ты ид …………? → Lina, où vas-tu ?

3. Утром я всегда долго спл …………. → Le matin, je dors toujours longtemps.

4. Мы слуша ………… новости. → Nous écoutons les nouvelles.

5. Где ты работа …………? → Où travailles-tu ?

6. Они всё понима …………. → Ils comprennent tout.

8 Posez les questions concernant les mots en rouge.

Ex. Вчера Катя была в кино [ftchira katia byla fkino] → Hier, Katia est allée au cinéma. – _ _ _ _ Где вчера была Катя?

a. Сегодня в школе было очень хорошо [sivodnia fchkolié byla otchigne Haracho]
→ Aujourd'hui, c'était très bien à l'école. – _____ было сегодня в школе?

b. Он работает в Москве [on rabota-iét vmas-kvié]
→ Il travaille à Moscou. – _____ он работает?

c. Там был президент [tam byl prizidiént]
→ Là-bas, il y avait le président. – _____ там был?

d. Вечером они встречаются [viétchiram ani fstritcha-ioutsa]
→ Ce soir, ils se rencontrent. – _____ они встречаются?

e. У них был ужин [ouniH byl oujyn]
→ Ils ont eu un dîner. – _____ у них было?

> **Bonjour, etc.**
>
> **Здравствуйте!** [zdrast-vouïtié], *bonjour !* (générique en vouvoyant)
> **Здравствуй!** [zdrast-vouï], *bonjour !* (générique en tutoyant)
> **Доброе утро!** [dobra-ié outra], *bonjour !* (dans la matinée, au réveil)
> **Добрый день!** [dobryï diégne], *bonjour !* (dans la journée)
> **Добрый вечер!** [dobryï viétchiér], *bonsoir !*
> **Доброй ночи!** [dobraï notchi], *bonne nuit !*
> **Спокойной ночи!** [spakoïnaï notchi], *bonne nuit !* (nuit tranquille)

CHAPITRE 14 : LES VERBES IRRÉGULIERS – LE PASSÉ

9 Trouvez le mot approprié pour dire bonjour dans chaque situation.

    a. Vous rencontrez votre voisin le matin : ....

    b. Quelqu'un vous laisse passer en vous tenant la porte : ....

    c. Vous arrivez chez quelqu'un pour dîner : ....

    d. Vous allez vous coucher et dites au revoir à tout le monde : ....

    e. Vous dites au revoir à la gare : ....

    f. Vous rencontrez votre copain d'école : ....

10 Traduisez ce texte sur l'école.

В школе.

В школе есть наш класс. В классе стоят столы. На столах лежат книги и тетради. Я сижу на стуле у окна. Учитель стоит справа. Он говорит, а мы слушаем.

Bravo, vous êtes venu à bout du chapitre 14 ! Il est maintenant temps de comptabiliser les icônes et de reporter le résultat en page 128 pour l'évaluation finale.

La déclinaison des pronoms personnels
Le nominatif – Le datif

La déclinaison

Le russe est une langue à déclinaisons. Cela veut dire que les mots (noms, adjectifs, pronoms, etc.) changent de terminaison en fonction de leur rôle dans la phrase. Le nominatif est le cas du sujet, c'est la forme sous laquelle on trouve les mots dans le dictionnaire.

1 Traduisez ces phrases. Certains mots nouveaux sont très similaires en français, essayez de deviner leur sens. Parfois les mots sont déclinés, mais vous les connaissez déjà.

a. Она смотрит фильм [ana smotrit film]
→ ....

b. Мой брат много работает [moï brat mnoga rabota-iét]
→ ....

c. Лена плохо делает пиццу [liéna ploHa diéla-iét pitsou]
→ ....

d. Мы знаем этих людей [my zna-iém êtiH lioudiéï]
→ ....

e. Катя учится в университете [katia outchitsa vouniviérsitiétié]
→ ....

f. Франсуаза идёт в метро [fransou-aza idiot vmitro]
→ ....

g. Витя отлично играет в теннис [vitia atlitchna igra-iét ftênnis]
→ ....

h. Эрик и Таня всё делают быстро [êrik i tania fsio diéla-iout bystra]
→ ....

CHAPITRE 15 : LA DÉCLINAISON DES PRONOMS PERSONNELS – LE NOMINATIF – LE DATIF

La déclinaison des pronoms personnels

Les pronoms personnels se déclinent et leur déclinaison est à apprendre par cœur.

	1re personne		2e personne		3e personne	
	Singulier	Pluriel	Singulier	Pluriel	Singulier	Pluriel
Nominatif	я	мы	ты	вы	он, оно, она	они
Génitif/accusatif	меня	нас	тебя	вас	(н) его*, (н) её	(н) их
Datif	мне	нам	тебе	вам	(н) ему, (н) ей	(н) им
Instrumental	мной	нами	тобой	вами	(н) им, (н) ей	(н) ими
Locatif	(обо) мне	(о) нас	(о) тебе	(о) вас	(о) нём, ней	(о) них

* Le **н** s'ajoute aux pronoms de la troisième personne s'ils suivent une préposition.

Pour dire *avec moi*, on ajoute un **o** à la préposition **с** [s], *avec* : **со мной** [samnoï], *avec moi*.

Le verbe звать

Le verbe imperfectif **звать** [zvat{ˢ}], *appeler*, est utilisé dans la structure « *je m'appelle* ». En réalité, en russe, on dit « *ils m'appellent* ». Il faut donc mettre le pronom personnel à l'accusatif et y ajouter le verbe **звать** à la troisième personne du pluriel (**зовут**) : **как тебя зовут?** [kak tibia zavout] → *Comment t'appelles-tu ?*

2 Déclinez les pronoms suivants à la forme demandée.

a. я [ia], génitif/accusatif → ....
b. он [on], génitif/accusatif → ....
c. мы [my], datif → ....
d. они [ani], instrumental → ....
e. я [ia], datif → ....
f. вы [vy], génitif/accusatif → ....
g. она [ana], datif → ....
h. я [ia], locatif → ....
i. ты [ty], instrumental → ....
j. они [ani], datif → ....
k. мы [my], génitif/accusatif → ....
l. оно [ano], génitif/accusatif → ....
m. я [ia], instrumental → ....

CHAPITRE 15 : LA DÉCLINAISON DES PRONOMS PERSONNELS – LE NOMINATIF – LE DATIF

3 Déclinez les pronoms suivants à la forme demandée.

ни́ми / их / нам / мной / зову́т / её

a. Как их _____ ? → *Comment s'appellent-ils ?*

b. Пойдём со _____ в кино́! → *Viens avec moi au cinéma !*

c. Где ты ви́дел _____ ? → *Où l'as-tu vue ?*

d. Э́то _____ о́чень прия́тно. → *Cela nous fait très plaisir.*

e. Вы _____ узнаёте? → *Vous les reconnaissez ?*

f. Он говори́т с _____ . → *Il leur parle.*

4 Mettez les pronoms entre parenthèses à la bonne forme.

a. Я давно́ (она́, accusatif) .... зна́ю. [ia davno yi-io zna-iou]
→ *Je la connais depuis longtemps.*

b. Мы с (вы, instrumental) .... знако́мы? [my s vami znakomy]
→ *Nous nous connaissons ?*

c. Она́ лю́бит (он, accusatif) .... [ana lioubit yivo] → *Elle l'aime.*

d. Ты (они́, datif) нра́вишься .... [ty im nravichsia] → *Tu leur plais.*

e. Они́ говоря́т о (ты, locatif) .... [ani gavariat atibié] → *Ils parlent de toi.*

f. Вы дово́льны (мы, instrumental) .... [vy davol'ny nami]
→ *Vous êtes contents de nous.*

Le datif singulier

Le datif est le cas de l'attribution : **я даю́ тебе́ соль** [ia da-iou tibié solⁱ] → *Je te donne le sel*. Il est également utilisé après certaines prépositions : **иду́ к ма́ме** [idou kmamié] → *Je vais chez maman.*

- Au datif singulier, les noms masculins et neutres durs se terminent par **у**, les mous par **ю** : **стол** [stol], *table* – **столу́** [stalou] ; **окно́** [akno], *fenêtre* – **окну́** [aknou] ; **слова́рь** [slavarⁱ], *dictionnaire* – **словарю́** [slavariou].

- Au datif singulier, les noms féminins durs et mous se terminent par **е** : **ма́ма** [mama], *maman* – **ма́ме** [mamié] ; **пе́сня** [piesⁱnia], *chanson* – **пе́сне** [piesⁱnié]. Pour les féminins en signe mou, on utilise la terminaison **и** : **крова́ть** [kravat^s], *lit* – **крова́ти** [kravati]. Les féminins en **ия** se terminent par **ии** : **ста́нция** [stantsy-ia], *station* – **ста́нции** [stantsy-i].

CHAPITRE 15 : LA DÉCLINAISON DES PRONOMS PERSONNELS – LE NOMINATIF – LE DATIF

5 **Mettez les mots suivants au datif singulier.**

a. игра [igra], *jeu* → игр_
b. человек [tchilaviék], *homme* → человек_
c. ночь [notch¹], *nuit* → ноч_
d. Ольга [ol¹ga], *Olga* → Ольг_
e. книга [kniga], *livre* → книг_
f. дядя [diadia], *oncle* → дяд_
g. Ваня [vania], *Vania (diminutif d'Ivan)* → Ван_
h. море [morié], *mer* → мор_
i. конь [kogne], *cheval* → кон_
j. Игорь [igᵃr¹], *Igor* → Игор_
k. ситуация [sitou-atsy-ia], *situation* → ситуаци_
l. рука [rouka], *main* → рук_

Le datif pluriel

Le datif pluriel de tous les genres durs est en **ам**, celui des mous en **ям** : **стол** – **столам** [stalam] ; **окно** – **окнам** [oknam] ; **словарь** – **словарям** [slavariam]. N'oubliez pas la règle de l'incompatibilité orthographique : **руки** [rouki], *bras* – **рукам** [roukam].

Les noms propres se déclinent aussi. Les noms ayant une terminaison du féminin se déclinent comme des féminins : я иду к Коле [ia idou kkolié] = *Je vais chez Kolia*. À l'exemple des masculins « logiques », comme дядя, папа, les diminutifs masculins se déclinent comme des féminins : Витя, Коля, etc.

6 **Mettez les mots suivants au datif pluriel.**

a. дети [diéti], *enfants* → дет_ _
b. дома [dama], *maisons* → дом_ _
c. столы [staly], *tables* → стол_ _
d. ночи [notchi], *nuits* → ноч_ _
e. брюки [briouki], *pantalon* → брюк_ _
f. моря [maria], *mers* → мор_ _
g. пули [pouli], *balles (armes)* → пул_ _
h. окна [okna], *fenêtres* → окн_ _

CHAPITRE 15 : LA DÉCLINAISON DES PRONOMS PERSONNELS – LE NOMINATIF – LE DATIF

7 Retrouvez le nominatif correspondant aux datifs suivants et traduisez.

a. медведю [midviédiou] → ....
b. площади [ploschidi] → ....
c. часу [tchassou] → ....
d. губе [goubié] → ....
e. стакану [stakanou] → ....
f. зиме [zimié] → ....
g. часам [tchissam] → ....
h. России [rassi-i] → ....
i. брюкам [brioukam] → ....

8 Remplissez le tableau.

	КТО?	КОМУ?
	Моя подруга актриса. [Ma-ia padrouga aktrissa]	Моей подруге актрисе.
a.	Наш шеф Иван. [nach chêf ivan]	Нашему ....
b.	Ваша соседка Ирина. [vacha sassiétka irina]	Вашей ....
c.	Мой брат Сергей. [moï brat sirguié-ï]	Моему ....
d.	Его внук Макс. [yivo vnouk maks]	Его ....
e.	Их сын Коля. [iH syn kolia]	Их ....
f.	Её собака Жучка. [yi-io sabaka joutchka]	Её ....

CHAPITRE 15 : LA DÉCLINAISON DES PRONOMS PERSONNELS – LE NOMINATIF – LE DATIF

9 Remplacez les datifs par les pronoms correspondants.
Ex. Я даю книгу маме. [ia da-iou knigou mamié] → *Je donne le livre à maman.*
– Я даю ей книгу. → *Je lui donne le livre.*

a. Катя дарит другу подарок. [katia darit drougou padarak] → *Katia offre le cadeau à un ami.* – Катя дарит _ _ _ подарок. → *Katia lui offre le cadeau.*

b. Мы звоним нашим соседям. [my zvanim nachym sassiédiam]
→ *Nous téléphonons à nos voisins.* – Мы _ _ звоним. → *Nous leur téléphonons.*

c. Иван пишет письмо этой девушке. [ivan pichet piss'mo êtaï diévouchkié]
→ *Ivan écrit une lettre à cette jeune fille.* – Иван пишет _ _ письмо. → *Ivan lui écrit une lettre.*

d. Эта ассоциация помогает одиноким матерям. [êta assatsy-atsy-ia pamaga-iét adinokim matiriam] → *Cette association aide les mères célibataires.* – Эта ассоциация _ _ помогает. → *Cette association les aide.*

Les prépositions

в [v], *dans, à*
на [na], *sur*
под [pot], *sous*
у [ou], *chez, à côté*

через [tchiériss], *dans* (temporel), *à travers*
за [za], *derrière*
перед [piérit], *devant, avant*

к [k], *chez, vers*
от [ot], *de chez, de*
с [s], *avec, de* (provenance)
без [biéss], *sans*

из [iss], *de* (provenance, matière)
для [dlia], *pour*

10 Complétez les phrases avec les prépositions de la liste ci-dessous.

Для / через / из / в / Перед / с / без

a. Дети идут .... школу. [diéti idout fchkolou] → *Les enfants vont à l'école.*

b. Мы едем .... вами! [my iédiém s-vami] → *Nous venons avec vous !*

c. Приходи .... час. [priHadi tchiéristchass] → *Viens dans une heure.*

d. Я не могу .... них. [ia nimagou bizniH] → *Je ne peux pas sans eux.*

e. .... кого ты это делаешь? [dlia kavo ty êta diéla-iéch] → *Pour qui le fais-tu ?*

f. .... домом стоит дерево. [piriddomam sta-it diériva] → *Devant la maison, il y a un arbre.*

g. Они едут .... леса. [ani iédout izliéssa] → *Ils rentrent de la forêt.*

CHAPITRE 15 : LA DÉCLINAISON DES PRONOMS PERSONNELS – LE NOMINATIF – LE DATIF

Le datif et les structures impersonnelles

Le datif permet de « personnaliser » les structures impersonnelles. Pour cela, il faut ajouter le datif de la personne à laquelle se rapporte l'action à une structure impersonnelle de type **холодно** [Holadna], *froid* ; **жарко** [jarka], *chaud* ; **страшно** [strachna], *horrifiant* ; **весело** [viéssila], *amusant, gai* ; **грустно** [grousna], *triste*, etc. Par exemple : *j'ai chaud* ➔ **мне жарко** ; *elle a peur* ➔ **ей страшно**.

- Au passé, on ajoute simplement le verbe **быть**, *être*, au passé, accordé au neutre : **мне было жарко** ➔ *j'avais chaud* ; **ей было страшно** ➔ *elle avait peur*.
- Pour former une phrase au futur, on ajoute le verbe **быть**, *être*, au futur, accordé à la troisième personne du singulier : **мне будет жарко** ➔ *j'aurai chaud* ; **ей будет страшно** ➔ *elle aura peur*.

Traduisez les phrases suivantes.

a. Она хочет есть. [ana Hotchiét iést^s]
➔ ....

b. Там нам будет холодно. [tam nam boudiét Holadna]
➔ ....

c. Когда он один, ему страшно. [kagda on adin yimou strachna]
➔ ....

d. Ты хочешь пить? [ty Hotchiéch pit^s]
➔ ....

e. Мы видим, что вам жарко. [my vidim chto vam jarka]
➔ ....

f. Дети хотят спать. [diéti Hatiat spat^s]
➔ ....

g. Меня зовут Виктория. [minia zavout viktori-ia]
➔ ....

Bravo, vous êtes venu à bout du chapitre 15 ! Il est maintenant temps de comptabiliser les icônes et de reporter le résultat en page 128 pour l'évaluation finale.

Le locatif – Prénoms et patronymes
Déclinaison des pronoms interrogatifs

Le locatif au singulier

Le locatif s'appelle ainsi car il est utilisé pour localiser ou situer les objets. On l'appelle parfois « prépositionnel » car il est toujours utilisé avec une préposition.

Le locatif est assez simple. Pour tous les genres, la terminaison au singulier est **e**, sauf dans les cas suivants :

- les noms féminins en signe mou prennent la terminaison **и** (ночь [notch^i], *nuit* – ночи [n<u>o</u>tch^i]) ;
- les féminins se terminant par **ия** et les neutres se terminant par **ие** prennent la terminaison **ии** : станция [st<u>a</u>ntsy-ia], *station* – станции [st<u>a</u>ntsy-i] ; здание [zd<u>a</u>ni-ié], *bâtiment* – здании [zd<u>a</u>ni-i] ;
- le locatif de certains mots masculins se termine par **y** (toujours accentué) quand il s'agit de situer un objet : сад [sat], *jardin* – саду [sad<u>ou</u>] ; шкаф [chkaf], *armoire* – шкафу [chkaf<u>ou</u>] ; лес [li<u>é</u>ss], *forêt* – лесу [liss<u>ou</u>] ; пол [pol], *sol* – полу [pal<u>ou</u>] ; мост [most], *pont* – мосту [mast<u>ou</u>]. Retenez que pour dire *à la maison*, un seul mot suffit : дома [d<u>o</u>ma].

> Les mots neutres empruntés à d'autres langues ne se déclinent pas. Eh oui, la bonne nouvelle est que dans tous les cas, la forme reste inchangée, même si le mot suit une préposition ! D'ailleurs, ces mots ne changent pas au pluriel non plus : кафе [kafê], *café* ; метро [mitro], *métro* ; кино [kino], *cinéma, film* (langue parlée) ; такси [taksi], *taxi* ; какао [kakao], *cacao* ; пальто [pal'to], *manteau* ; депо [dêpo], *dépôt*, etc. À ces mots s'ajoutent certains mots masculins empruntés à d'autres langues, par exemple евро [i<u>é</u>vr^a], *euro*.

① Mettez les mots suivants au locatif singulier.

a. книга [kn<u>i</u>ga], *livre* ➔ книг__

b. ситуация [sitou-<u>a</u>tsy-ia], *situation* ➔ ситуаци__

c. школа [chk<u>o</u>la], *école* ➔ школ__

d. окно [akn<u>o</u>], *fenêtre* ➔ окн__

e. шкаф [chkaf], *armoire* ➔ шкаф__

f. ресторан [ristar<u>a</u>n], *restaurant* ➔ ресторан__

g. музей [mouzi<u>é</u>-ï], *musée* ➔ музе__

h. сад [sat], *jardin* ➔ сад__

i. отель [at<u>ê</u>l^i], *hôtel* ➔ отел__

CHAPITRE 16 : LE LOCATIF – PRÉNOMS ET PATRONYMES – DÉCLINAISON DES PRONOMS INTERROGATIFS

Le locatif au pluriel

La formation du pluriel est très simple. La terminaison des durs est **ах** et celle des mous est **ях** : **в садах** [fsadaH], *dans les jardins* ; **на мостах** [namastaH], *sur les ponts* ; **в музеях** [vmouzié-iaH], *dans les musées* ; **в зданиях** [vzdani-iaH], *dans les bâtiments*.

Les prépositions du locatif

- Le locatif est souvent précédé d'une préposition.
  - **в**, *dans, à, en* : **в школе** [fchkolié], *à l'école* ; **в музее** [vmouzié-ié], *au musée* ; **в России** [vrassi-i], *en Russie*.
  - Certains mots s'emploient avec la préposition **на**, *sur, à, dans* : **на площади** [naploschidi], *sur la place* ; **на рынке** [narynkié], *au marché* ; **на улице** [na-oulitsê], *dans la rue* ; **на уроке** [na-ourokié], *dans le cours* ; **на работе** [narabotié], *au travail* ; **на полу** [napalou], *par terre* ; **на стадионе** [nastadi-onié], *au stade* ; **на тренировке** [natrinirofkié], *à l'entraînement* ; **на концерте** [nakantsêrtié], *au concert* ; **на почте** [napotchtié], *à la poste*.
- Bien sûr, le même mot peut s'utiliser avec des prépositions différentes : **на столе** [nastalié], *sur la table* ; **в столе** [fstalié], *dans la table* (*dans un tiroir de la table*).
- Les mots dont le locatif se termine par **у** quand il s'agit de les localiser ont un locatif « normal » en **е** s'ils sont employés dans un autre sens, avec une autre préposition : **в лесу** [vlissou], *dans la forêt*, mais **говорить о лесе** [gavarits aliéssié], *parler de la forêt*.
- Pour situer un événement dans l'année, on ajoute à la préposition **в** le locatif du nom du mois : **в августе** [vavgoustié], *en août*.

2 Mettez les mots suivants au locatif pluriel.

a. на лбу [nalbou], *sur le front* → на лб _ _

b. в мысли [vmysli], *dans la pensée* → в мысл _ _

c. в рубашке [vroubachkié], *en chemise* → в рубашк _ _

d. в такси [ftaksi], *dans le taxi* → в такс _

e. на шее [nachê-ié], *sur le cou* → на ше _ _

f. в пижаме [fpijamié], *en pyjama* → в пижам _ _

g. в кафе [fkafê], *au café* → в каф _

h. на море [namorié], *à la mer* → на мор _ _

CHAPITRE 16 : LE LOCATIF – PRÉNOMS ET PATRONYMES – DÉCLINAISON DES PRONOMS INTERROGATIFS

3 Choisissez la forme correcte au locatif (singulier ou pluriel).

a. шкаф [chkaf], *armoire*
  1. шкафа
  2. шкафу
  3. шкафю

b. река [rika], *fleuve*
  1. реках
  2. реки
  3. реку

c. окно [akno], *fenêtre*
  1. окну
  2. окни
  3. окне

d. путь [pout^s], *chemin*
  1. путю
  2. пути
  3. путе

e. конь [kogne], *cheval*
  1. коню
  2. коне
  3. коня

f. Азия [azi-ia], *Asie*
  1. Азие
  2. Азию
  3. Азии

g. сердце [siértsê], *cœur*
  1. сердце
  2. сердцу
  3. сердца

4 Mettez les phrases suivantes au pluriel (aidez-vous de la traduction française et du nombre de tirets).

a. Я сижу в кресле. [ia sijou fkriéslié] → *Je suis assis(e) dans un fauteuil.*
  – *Nous sommes assis dans des fauteuils.* → _ _ _____ _ _____ .

b. Он сейчас в школе. [on sitchass fchkolié] → *Maintenant, il est à l'école.*
  – *Maintenant, ils sont à l'école (dans des écoles).* → _ _ _____ _ _____ .

c. Ребёнок стоит на площади. [ribionak sta-it naploschidi] → *L'enfant est (debout) sur la place.* – *Les enfants sont sur les places.* → ____ _____ __ _____ .

d. В здании есть дверь. [vzdani-i iést^s dviér^i] → *Dans le bâtiment, il y a une porte.*
  – *Dans les bâtiments, il y a des portes.* → _ _____ ____ _____ .

Banque de mots

закрыто [zakryta], *fermé*
открыто [atkryta], *ouvert*
туалет [tou-aliét], *toilettes*
Ж, *femmes (sur les W.-C.)*
М, *hommes (sur les W.-C.)*
гардероб [gardirop], *vestiaire*

буфет [boufiét], *cafétéria*
запрещено [zaprischino], *interdit*
мест нет [miést niét], *complet*
вход [fHot], *entrée*
выход [vyHat], *sortie*

CHAPITRE 16 : LE LOCATIF – PRÉNOMS ET PATRONYMES – DÉCLINAISON DES PRONOMS INTERROGATIFS

 5 Choisissez la bonne préposition pour accompagner ces mots au locatif.

в	на

муз<u>е</u>е, *au musée*
аэропорт<u>у</u>, *à l'aéroport*
<u>у</u>лице, *dans la rue*
институ<u>т</u>е, *à l'institut*
<u>я</u>щике, *dans le tiroir*
р<u>ы</u>нке, *au marché*
шк<u>о</u>ле, *à l'école*
раб<u>о</u>те, *au travail*
магаз<u>и</u>не, *au magasin*
пол<u>у</u>, *par terre*
карм<u>а</u>нах, *dans les poches*
Пар<u>и</u>же, *à Paris*

Prénoms et patronymes

Les diminutifs sont une notion très importante car les Russes les utilisent beaucoup. Un diminutif est censé être un prénom raccourci, mais ce n'est pas toujours le cas.

- Certains diminutifs sont neutres et d'autres ont un sens affectif. Ainsi, **Валент<u>и</u>на** [valintina], *Valentina,* a un diminutif neutre (**В<u>а</u>ля** [valia]) et des diminutifs affectifs divers : **Вал<u>ю</u>ша**, **Вал<u>ю</u>сик**, **Вал<u>ю</u>ся**, **В<u>а</u>лечка**, etc. Ces derniers peuvent être nombreux.

- Certains prénoms courts n'ont pas de diminutif neutre : **Глеб** [gliép], *Gliéb* ; **<u>И</u>горь** [ig^{a}r^i], *Igor* ; **Ол<u>е</u>г** [aliék], *Oleg* ; **М<u>а</u>я** [ma-ia], *Maya*, etc.

- Certains prénoms masculins et féminins ont les mêmes diminutifs : **Алекс<u>а</u>ндр** [aliksandr] (masculin), **Алекс<u>а</u>ндра** [aliksandra] (féminin) – **С<u>а</u>ша** [sacha] ; **Евг<u>е</u>ний** [yivguiéni-ï] (masculin), **Евг<u>е</u>ния** [yivguiéni-ia] (féminin) – **Ж<u>е</u>ня** [jênia].

- Les Russes n'ont qu'un seul prénom. Un nom russe complet se compose d'un nom de famille, d'un prénom et d'un nom patronymique (le prénom du père) : **Ант<u>о</u>н Ив<u>а</u>нович З<u>о</u>тов**. Encore une fois, tout se décline en russe. Ainsi a-t-on à l'accusatif : **Я в<u>и</u>дел Ант<u>о</u>на Ив<u>а</u>новича З<u>о</u>това**.

CHAPITRE 16 : LE LOCATIF – PRÉNOMS ET PATRONYMES – DÉCLINAISON DES PRONOMS INTERROGATIFS

Le patronyme est utilisé dans des situations officielles ou envers une personne plus âgée, en signe de respect. Attention : le nom patronymique s'emploie seulement après le prénom complet. Employé après un diminutif, le patronyme porte un sens comique ou reflète une figure de style.

6 En suivant l'exemple donné, faites des phrases avec les mots proposés et traduisez-les.
Ex. Вика, Париж – Вика в Париже → *Vika est à Paris.*

a. Таня, Прага → ....

b. Никита, Лондон → ....

c. Сева, Рим → ....

d. Лиза, Барселона → ....

e. Лука, Варшава → ....

f. Оля, Москва → ....

g. Вова, Санкт-Петербург → ....

h. Катя, Пекин → ....

7 Complétez les phrases en choisissant le bon mot dans la liste et en le mettant au locatif. Traduisez les phrases obtenues.
Ex. Вася турист [vassia tourist] → *Vassia est touriste.* – Он в отеле → *Il est à l'hôtel.*

театр, *théâtre* / офис, *bureau* / отель, *hôtel* / концерт, *concert*
больница, *hôpital* / университет, *université*

a. Лена актриса [liéna aktrissa] → *Liéna est actrice.* – ....

b. Витя доктор [vitia doktar] → *Vitia est docteur.* – ....

c. Макс и Мила музыканты [maks i mila mouzykanty] → *Maks et Mila sont musiciens.* – ....

d. Надя студентка [nadia stoudiéntka] → *Nadia est étudiante.* – ....

e. Женя бизнесмен [jênia biznêsmên] → *Jenia est un homme d'affaires.* – ....

CHAPITRE 16 : LE LOCATIF – PRÉNOMS ET PATRONYMES – DÉCLINAISON DES PRONOMS INTERROGATIFS

8 Mettez les mois au locatif.
Ex. январь [yinvar¹], *janvier* в январе, *en janvier*

a. февраль [fivral¹], *février* → ...., *en février*

b. март [mart], *mars* → ...., *en mars*

c. апрель [apriél¹], *avril* → ...., *en avril*

d. май [maï], *mai* → ...., *en mai*

e. июнь [i-iougne], *juin* → ...., *en juin*

f. июль [i-ioul¹], *juillet* → ...., *en juillet*

g. август [avgoust], *août* → ...., *en août*

h. сентябрь [sintiabr¹], *septembre* → ...., *en septembre*

i. октябрь [aktiabr¹], *octobre* → ...., *en octobre*

j. ноябрь [na-iabr¹], *novembre* → ...., *en novembre*

k. декабрь [dikabr¹], *décembre* → ...., *en décembre*

Déclinaison des mots interrogatifs

Les mots interrogatifs **кто** [kto], *qui*, et **что** [chto], *que, quoi*, se déclinent aussi.

	кто [kto], *qui*	**что** [chto], *que, quoi*
Nominatif	кто	что
Génitif	кого	чего
Datif	кому	чему
Accusatif	кого (comme au génitif)	что (comme au nominatif)
Instrumental	кем	чем
Locatif	ком	чём

CHAPITRE 16 : LE LOCATIF – PRÉNOMS ET PATRONYMES – DÉCLINAISON DES PRONOMS INTERROGATIFS

9 Mettez les mots interrogatifs au cas indiqué.

a. (Кто datif) _ _ _ _ ты дал это? ➔ *À qui as-tu donné cela ?*

b. О (что locatif) _ _ _ он говорит? ➔ *De quoi parle-t-il ?*

c. С (кто instrumental) _ _ _ она уходит? ➔ *Avec qui s'en va-t-elle ?*

d. (Кто accusatif) _ _ _ _ мы видим? ➔ *Qui nous voyons ?*

e. (Что génitif) _ _ _ _ здесь нет? ➔ *Qu'est-ce qu'il n'y a pas ici ?*

f. (Что accusatif) _ _ _ я делаю? ➔ *Qu'est-ce que je fais ?*

g. От (кто génitif) _ _ _ _ она это узнала? ➔ *De qui l'a-t-elle appris ?*

10 Décrivez les journées de Svetlana (25 ans) et de Roman (7 ans). Pour cela, triez les mots ci-dessous et mettez-les au locatif.

кухня [kouHnia], *cuisine* / **ресторан** [ristaran], *restaurant* / **школа** [chkola], *école* **дискотека** [diskatiéka], *discothèque* / **дом** [dom], *maison* / **работа** [rabota], *travail*

a. Утром Светлана .... [outram svitlana] ➔ *Le matin Svetlana est ....*

b. В обед она .... [vabiét ana] ➔ *À midi, elle est ....*

c. Вечером она .... [viétchiram ana] ➔ *Le soir, elle est ....*

d. Утром Роман .... [outram raman] ➔ *Le matin Roman est ....*

e. В обед он с мамой .... [vabiét on smamaï] .... ➔ *À midi, il est .... avec maman.*

f. Вечером он .... [viétchiram on] ➔ *Le soir, il est ....*

Bravo, vous êtes venu à bout du chapitre 16 ! Il est maintenant temps de comptabiliser les icônes et de reporter le résultat en page 128 pour l'évaluation finale.

Le génitif singulier et pluriel

Le génitif

Le génitif est le cas du complément du nom. Il est employé pour désigner le possesseur d'un objet, sa provenance, ou un article partitif.

- On utilise également le génitif après les mots désignant une quantité ou dans une structure signifiant l'absence totale d'un objet : **это свитер папы** [êta svitêr papy] → *c'est le pull de papa* ; **стакан воды** [stakan vady] → *un verre d'eau* ; **здесь нет света** [zdiéssⁱ niet sviéta] → *ici, il n'y a pas de lumière*.
- On utilise obligatoirement le génitif après certaines prépositions : **без**, *sans* ; **для**, *pour* ; **до**, *jusqu'à* ; **из**, *de* (provenance) ; **около**, *à côté de* ; **от**, *de* (provenant de chez quelqu'un) ; **после**, *après* ; **у**, *chez*.

Le génitif singulier

Le génitif singulier est facile :

- les masculins et les neutres durs se terminent par **а**, et les mous par **я** ;
- les féminins durs ont un génitif en **ы** et les mous en **и**.

Rappelez-vous la règle de l'incompatibilité orthographique, vous en aurez besoin au génitif !

1 Mettez les mots suivants au génitif singulier.

a. краб [krap], *crabe* → ....
b. шея [chê-ia], *cou* → ....
c. рубашка [roubachka], *chemise* → ....
d. француженка [frantsoujynka], *Française* → ....
e. чай [tchaï], *thé* → ....
f. вилка [vilka], *fourchette* → ....
g. колесо [kalisso], *roue* → ....
h. звезда [zvizda], *étoile* → ....
i. ночь [notchⁱ], *nuit* → ....
j. галстук [galstouk], *cravate* → ....

CHAPITRE 17 : LE GÉNITIF SINGULIER ET PLURIEL

 Qui était où ? Formez des phrases en mettant les mots entre parenthèses au génitif.

Откуда они идут? [atkouda ani idout] → *D'où reviennent-ils ?*

a. Нина была у (бабушка) .... → *Nina était chez sa grand-mère.*
b. Дети идут из (школа) .... → *Les enfants rentrent de l'école.*
c. Я иду от (врач) .... → *Je rentre de chez le médecin.*
d. Олег едет из (больница) .... → *Oleg revient de l'hôpital.*
e. Мы выходим из (отель) .... → *Nous sortons de l'hôtel.*
f. Ребёнок был около (дом) .... → *L'enfant était à côté de la maison.*
g. Таня выходит из (здание) .... → *Tania sort du bâtiment.*

Le génitif pluriel est le cas le plus complexe du russe. Essayez de retenir petit à petit les terminaisons.

Le génitif pluriel des masculins

- Les masculins durs ont un génitif pluriel en **ов** : **стол** [stol], *table* – **столов** [stalof].
- Les masculins en signe mou ainsi que tous ceux qui se terminent par une chuintante (**ж, ч, ш, щ**) ont un génitif en **ей**, toujours accentué : **конь** [kogne], *cheval* – **коней** [kaniéï] ; **муж** [mouch], *mari* – **мужей** [moujêï].
- Les masculins en **й** se terminent par **ев** : **музей** [mouziéï], *musée* – **музеев** [mouzié-iéf].

3 **Trouvez la bonne forme du génitif pluriel pour les noms masculins suivants.**

a. **рубль** [roublʲ], *rouble*
  1. рублов
  2. рублей
  3. рублев

b. **студент** [stoudiént], *étudiant*
  1. студентов
  2. студентах
  3. студентей

c. **факс** [faks], *fax*
  1. факсей
  2. факсев
  3. факсов

d. **гость** [gostˢ], *invité*
  1. гостов
  2. гостев
  3. гостей

e. **дом** [dom], *maison*
  1. домев
  2. домов
  3. домей

f. **стол** [stol], *table*
  1. столов
  2. столев
  3. столей

g. **музей** [mouziéï], *musée*
  1. музеев
  2. музеей
  3. музеёв

h. **мяч** [miatchʲ], *balle*
  1. мячов
  2. мячей
  3. мячев

CHAPITRE 17 : LE GÉNITIF SINGULIER ET PLURIEL

Le génitif pluriel des neutres

- Les neutres durs (en **o**) ont une terminaison « zéro » au génitif pluriel : **окно** [aknо], *fenêtre* – **окон** [okan]. Remarquez qu'une voyelle mobile se glisse alors entre les deux dernières lettres pour faciliter la prononciation.
- Les neutres en **e/ё** ont un génitif en **ей** : **мо́ре** [morié], *mer* – **море́й** [mariéï].
- Les neutres en **ие** se terminent par **ий** : **зда́ние** [zdani-ié], *bâtiment* – **зда́ний** [zdaniï].

4 Trouvez le genre intrus dans chaque série.

a. одея́л – о́кон – стака́нов
b. коле́ц – музе́ев – муже́й
c. мяче́й – кре́сел – вин
d. столо́в – слов – уро́ков
e. расте́ний – рубле́й – море́й
f. кре́сел – зда́ний – площаде́й

5 Complétez les phrases avec les mots de la liste, en les mettant à la bonne forme.

ма́льчик / го́сти / вода́ / ве́чер / о́тпуск
лека́рство / су́мка / журна́л / рис

a. Дай мне …………….. ➜ *Donne-moi de l'eau.*
b. Он купи́л мно́го …………….. ➜ *Il a acheté beaucoup de médicaments.*
c. В шкафу́ есть килогра́мм …………….. ➜ *Dans le placard, il y a un kilo de riz.*
d. Э́то брю́ки …………….. ➜ *C'est le pantalon du garçon.*
e. У неё до́ма нет …………….. ➜ *Elle n'a pas de magazines à la maison.*
f. Мы е́дем из …………….. ➜ *Nous revenons de congé.*
g. У нас не́ было …………….. ➜ *Nous n'avons pas eu d'invités.*
h. Ты сего́дня без ……………..? ➜ *Tu es sans sac aujourd'hui ?*
i. Ма́ма свобо́дна до …………….. ➜ *Maman est libre jusqu'à ce soir.*

CHAPITRE 17 : LE GÉNITIF SINGULIER ET PLURIEL

Le génitif pluriel des féminins

- Les féminins durs (en **a**), tout comme les neutres, ont une terminaison « zéro » : **волна** [valna], *vague* – **волн** [voln] ; **река** [rika], *rivière* – **рек** [riék]. Une voyelle mobile peut apparaître au génitif pluriel des féminins aussi.
- Les féminins mous (en **я**) ont une terminaison en signe mou : **гиря** [guiria], *altère* – **гирь** [guir'].
- Les féminins en signe mou (comme les masculins) ont un génitif en **ей** : **ночь** [notch'], *nuit* – **ночей** [natchiéï].
- Les féminins en **ия** se terminent par **ий** : **молния** [molni-ia], *éclair* – **молний** [molniï].
- Les féminins en **ея** se terminent par **ей** : **идея** [idié-ia], *idée* – **идей** [idiéï].

6 Retrouvez le nominatif singulier des génitifs pluriels suivants.

a. сестёр [sistior] – ...., *sœur*
b. коров [karof] – ...., *vache*
c. дверей [dviriéï] – ...., *porte*
d. рубашек [roubachêk] – ...., *chemise*
e. земель [zimiél'] – ...., *terre*
f. армий [armiï] – ...., *armée*
g. кроватей [kravatiéï] – ...., *lit*
h. аллей [alliéï] – ...., *allée*

7 Faites des phrases d'après le modèle en utilisant la préposition **у** et le mot **нет**.
Ex. **Валя** [valia], *Valia* – **окно** [akno], *fenêtre* Valia n'a pas de fenêtres.
= У Вали нет окон.

a. **брат** [brat], *frère* – **вино** [vino], *vin* → (Mon) frère n'a pas de vin (vins).
= ....

b. **Виктор** [viktar], *Viktor* – **идея** [idié-ia], *idée* → Viktor n'a pas d'idées.
= ....

c. **он** [on], *lui* – **лампа** [lampa], *lampe* → Il n'a pas de lampes.
= ....

d. **дама** [dama], *dame* – **собака** [sabaka], *chien* → La dame n'a pas de chiens.
= ....

CHAPITRE 17 : LE GÉNITIF SINGULIER ET PLURIEL

e. Саша [sacha], *Sacha* – сыр [syr], *fromage* ➜ *Sacha n'a pas de fromages.*
= ....

f. сосед [sassiét], *voisin* – кресло [kriésla], *fauteuil* ➜ *Le voisin n'a pas de fauteuils.*
= ....

g. учитель [outchitiél'], *instituteur* – книга [kniga], *livre* ➜ *L'instituteur n'a pas de livres.*
= ....

h. подруга [padrouga], *amie* – зеркало [ziérkala], *miroir* ➜ *L'amie n'a pas de miroirs.*
= ....

Les nombres

десять [diéssit^s], *dix*
двадцать [dvatsat^s], *vingt*
тридцать [tritsat^s], *trente*
сорок [sorak], *quarante*
пятьдесят [piddissiat], *cinquante*

шестьдесят [chyzdissiat], *soixante*
семьдесят [siémdissiat], *soixante-dix*
восемьдесят [vosimdissiat], *quatre-vingts*
девяносто [divinosta], *quatre-vingt-dix*
сто [sto], *cent*

8 Retrouvez les formes manquantes.

Один/Одна/Одно	Нет	Много
яблоко, *pomme*	яблока	яблок
море, *mer*	моря	....
..............., *chemise*	рубашки	рубашек
..............., *voiture*	машины	....
письмо, *lettre*	....	писем
улица, *rue*	....	....
..............., *anneau*	....	колец
идея, *idée*	идеи	....
гость, *invité*	....	гостей
..............., *médecin*	врача	....
станция, *station*	....	станций

CHAPITRE 17 : LE GÉNITIF SINGULIER ET PLURIEL

9 **Transformez les phrases à la forme négative.**
Ex. У меня есть деньги [ouminia iest[s] dién'gui] = *J'ai de l'argent.*
➜ У меня нет денег = *Je n'ai pas d'argent.*

a. У них сегодня занятия. [ouniH sivodnia zaniati-ia] = *Ils ont cours aujourd'hui.*
➜ .... = *Ils n'ont pas cours aujourd'hui.*

b. У вас есть билеты. [ouvass iest[s] biliéty] = *Vous avez les billets.*
➜ .... = *Vous n'avez pas de billet.*

c. У него есть проблема. [ounivo iest[s] prabliéma] = *Il a un problème.*
➜ .... = *Il n'a pas de problème.*

d. В магазине есть карандаши. [vmagazinié iest[s] karandachy] = *Il y a des crayons au magasin.* ➜ .... = *Il n'y a pas de crayons au magasin.*

e. Здесь много людей. [zdiéss[i] mnoga lioudiéï] = *Ici, il y a beaucoup de gens.*
➜ .... = *Ici, il n'y a pas de gens.*

f. У тебя есть сомнения? [outibia iest[s] samniéni-ia] = *As-tu des doutes ?*
➜ ....? = *Tu n'as pas de doutes.*

g. В киоске есть журналы. [fki-oskié iest[s] journaly] = *Au kiosque, il y a des journaux.*
➜ .... = *Au kiosque, il n'y a pas de journaux.*

h. Есть новости! [iest[s] novasti] = *Il y a des nouvelles !*
➜ ....! = *Il n'y a pas de nouvelles.*

CHAPITRE 17 : LE GÉNITIF SINGULIER ET PLURIEL

 Complétez la liste des courses en choisissant la bonne terminaison.

a. Бут**ы**лка (вин**о**)

= une bouteille de vin

b. Килогр**а**мм (колбас**а**)

= un kilo de saucisson

c. Литр (молок**о**)

= un litre de lait

d. П**а**чка (с**а**хар)

= un paquet de sucre

e. П**а**чка (м**а**сло)

= une motte de beurre

f. Два килогр**а**мма (м**я**со)

= deux kilos de viande

g. Кор**о**бка (конф**е**та)

= une boîte de chocolats

h. Мн**о**го (**о**вощ)

= beaucoup de légumes

i. Килогр**а**мм (**я**блоко)

= un kilo de pommes

j. Пл**и**тка (шокол**а**д)

= une tablette de chocolat

Bravo, vous êtes venu à bout du chapitre 17 ! Il est maintenant temps de comptabiliser les icônes et de reporter le résultat en page 128 pour l'évaluation finale.

L'accusatif – La localisation avec ou sans mouvement – Les adverbes

L'accusatif

L'accusatif est le cas du complément d'objet direct. Il est assez simple car il reprend souvent la forme du nominatif ou du génitif.

- L'accusatif des masculins animés a la même forme que leur génitif au singulier et au pluriel ; celui des inanimés a la même forme que leur nominatif au singulier et au pluriel. N'hésitez pas à revoir la leçon précédente.
- Les neutres à l'accusatif ont la même forme qu'au nominatif.
- Les féminins durs se terminent par **y** ; les féminins mous qui se terminent par **я** se terminent par **ю** à l'accusatif et les autres féminins en signe mou reprennent la forme du nominatif : **мама** [mama], *maman* – **маму** [mamou] ; **гиря** [guiria], *altère* – **гирю** [guiriou] ; **ночь** [notch'], *nuit* – **ночь** [notch'].
- Au pluriel, tout comme les masculins, les féminins animés reprennent la forme du génitif tandis que les inanimés reprennent celle du nominatif.

❶ Mettez les mots suivants à l'accusatif singulier et traduisez-les.

a. сыр [syr] →
b. шея [chê-ia] →
c. бабочка [babatchka] →
d. молоко [malako] →
e. собака [sabaka] →
f. море [morié] →
g. конь [kogne] →
h. дочь [dotch'] →
i. волна [valna] →
j. брат [brat] →

CHAPITRE 18 : L'ACCUSATIF – LA LOCALISATION AVEC OU SANS MOUVEMENT – LES ADVERBES

2 Complétez avec le bon verbe.

чит**а**ет   г**о**товит   сл**у**шает   л**ю**бит   пь**ю**т   смотр**ю**

a. М**а**ма .... **у**жин. → *Maman prépare le dîner.*

b. Я .... телев**и**зор. → *Je regarde la télé.*

c. Мар**и**я .... С**а**шу. → *Maria aime Sacha.*

d. Л**у**ка .... кн**и**гу. → *Louka lit un livre.*

e. Г**о**сти .... чай. → *Les invités boivent du thé.*

f. Мой брат .... м**у**зыку. → *Mon frère écoute la musique.*

3 Complétez le tableau en formant des phrases. Retrouvez la forme manquante (pronom ou verbe) et accordez le complément d'objet direct à l'accusatif.

чит**а**ть – кн**и**га	Я чит**а**ю кн**и**гу. → *Je lis un livre.*
пис**а**ть – письм**о**	.... п**и**шем .... → *Nous écrivons une lettre.*
хот**е**ть – кот	Я .... → *Je veux un chat.*
звать – сво**я** сестр**а**	.... зовёт свою .... → *Elle appelle sa sœur.*
понимать – я	Ты ....? → *Tu me comprends ?*
знать – вы	Мы .... → *Nous vous connaissons.*
есть – р**ы**ба	Вы ....? → *Mangez-vous du poisson ?*

4 Répondez aux questions suivantes en utilisant le mot entre parenthèses.

a. Ког**о** вы в**и**дели в п**а**рке? [kavo vy vidili fparkié] → *Qui avez-vous vu au parc ?*
   – (Презид**е**нт) .... → *Le président.*

b. Что вы **е**ли на **у**жин? [chto vy iéli na oujyn] → *Qu'avez-vous mangé au dîner ?*
   – (К**у**рица и рис) .... → *Du poulet et du riz.*

c. Ког**о** вы здесь зн**а**ете? [kavo vy zdiéssⁱ znai͡étié] → *Qui connaissez-vous ici ?*
   – (К**а**тя и Ол**е**г) .... → *Katia et Oleg.*

d. Что вы к**у**рите? [chto vy kouritié] → *Qu'est-ce que vous fumez ?* – (Сиг**а**ра) .... → *Un cigare.*

e. Ког**о** вы не хот**и**те встр**е**тить? [kavo vy niHatitié fstriétit⁽ˢ⁾] → *Qui ne souhaitez-vous pas rencontrer ?* – Моег**о** (препода**в**атель) .... → *Mon professeur.*

CHAPITRE 18 : L'ACCUSATIF – LA LOCALISATION AVEC OU SANS MOUVEMENT – LES ADVERBES

La localisation avec ou sans mouvement

Le russe fait la différence entre la localisation avec mouvement et la localisation sans mouvement. Le locatif sert à indiquer le lieu où se trouve une personne ou un objet, tandis que la localisation avec mouvement (le mouvement vers un lieu) s'exprime avec l'accusatif. Comparez : **я в парке** [ia fparkié] ➡ *je suis au parc* (j'y suis déjà, c'est ma localisation actuelle) – locatif ; **я иду в парк** [ia idou fpark] ➡ *je vais au parc* (je n'y suis pas encore, je me dirige vers ce lieu, il y a donc un mouvement) – accusatif.

Faites attention : les prépositions sont les mêmes, mais c'est le cas qui est différent…

5 Localisez Кирилл [Kirill] : placez chaque proposition dans la bonne colonne.

дома | в отель | в саду | в Париж | в лесу | на море | на почту

в университет | в музее | на улицу | на работе | в Москву

Где? [gdié], *où ?* (sans mouvement)	**Куда?** [kouda], *où ?* (avec mouvement)

Banque de mots

весёлый [vissiolyï], *gai, joyeux*
грустный [grousnyï], *triste*
важный [vajnyï], *important*
лёгкий [lioHkiï], *facile*
простой [prastoï], *simple*
большой [bal'choï], *grand*
маленький [malin'kiï], *petit*

сильный [sil'nyï], *fort*
слабый [slabyï], *faible*
смелый [smiélyï], *audacieux, courageux*
тихий [tiHiï], *calme, tranquille*
громкий [gromkiï], *bruyant, fort*
умный [oumnyï], *intelligent*
глупый [gloupyï], *bête*

CHAPITRE 18 : L'ACCUSATIF – LA LOCALISATION AVEC OU SANS MOUVEMENT – LES ADVERBES

La localisation dans le temps

Pour situer un événement par rapport à un jour de la semaine, on utilise également l'accusatif, avec la préposition **в** (sauf pour **вторник** [ftornik], *mardi*, qui s'emploie avec la préposition **во**) : **буду у вас в среду** [boudou ou vass fsriédou] ➜ *je serai chez vous mercredi*.

6 Répondez à la question когда ? [kagda], *quand ?*

a. понедельник [panidiél'nik], *lundi* ➜ ....
b. вторник [ftornik], *mardi* ➜ ....
c. среда [srida], *mercredi* ➜ ....
d. четверг [tchitviérk], *jeudi* ➜ ....
e. пятница [piatnitsa], *vendredi* ➜ ....
f. суббота [soubota], *samedi* ➜ ....
g. воскресенье [vaskrissiénié], *dimanche* ➜ ....

7 Reliez les mots des deux colonnes en mettant le mot entre parenthèses à la bonne forme.

a. снять [sniatˢ], *louer* •
b. знать [znatˢ], *connaître* •
c. смотреть [smatriétˢ], *regarder* •
d. считать [schitatˢ], *compter* •
e. ходить [Haditˢ], *aller* •
f. узнать [ouznatˢ], *reconnaître* •
g. решать [richatˢ], *résoudre* •

• 1. (комедия) ...., *comédie*
• 2. старого (друг) ...., *vieil ami*
• 3. (комната) ...., *chambre*
• 4. (проблемы) ...., *problèmes*
• 5. в (библиотека) ...., *à la bibliothèque*
• 6. (правила) ...., *règles*
• 7. (деньги) ...., *argent*

CHAPITRE 18 : L'ACCUSATIF – LA LOCALISATION AVEC OU SANS MOUVEMENT – LES ADVERBES

8 Mettez les mots suivants à l'accusatif pluriel.

a. родитель [raditiél'], *parent* → ....

b. окно [aknо], *fenêtre* → ....

c. кот [kot], *chat* → ....

d. роза [roza], *rose* → ....

e. сестра [sistra], *sœur* → ....

f. час [tchass], *heure* → ....

g. врач [vratch], *médecin* → ....

h. дом [dom], *maison* → ....

i. газета (gaziéta), *journal* → ....

j. подруга [padrouga], *amie* → ....

L'adverbe accompagne une action en la caractérisant, il est donc souvent proche d'un verbe dans la phrase.

Les adverbes

Les adverbes russes ne se déclinent pas. En voilà une bonne nouvelle ! Beaucoup d'entre eux se terminent par **o**, certains par **a** et d'autres ont une terminaison encore différente.

9 Soulignez les adverbes dans la liste suivante.

быстро [bystra], *vite*   машина [machyna], *voiture*

всегда [fsigda], *toujours*   раз [rass], *fois*

редко [riétka], *rarement*   иногда [inagda], *parfois*

три [tri], *trois*   часто [tchasta], *souvent*

никогда [nikagda], *jamais*   рано [rana], *tôt*

быстрый [bystryï], *rapide*

поздно [pozna], *tard*

CHAPITRE 18 : L'ACCUSATIF – LA LOCALISATION AVEC OU SANS MOUVEMENT – LES ADVERBES

10 Complétez les phrases en choisissant le bon adverbe dans la liste.

иногда / поздно / часто / редко / весело / рано / плохо / никогда

a. Лена .... ходит в театр. → *Léna va souvent au théâtre.*
b. Дети .... поют. → *Les enfants chantent joyeusement.*
c. .... он приезжает к нам. → *Parfois, il vient chez nous.*
d. Я .... не пью. → *Je ne bois jamais.*
e. Пора домой – уже .... → *Il est l'heure de rentrer à la maison – il est tard.*
f. Малыш .... читает. → *Le petit lit mal.*
g. Ты куда? Ещё так .... → *Où vas-tu ? Il est encore si tôt.*
h. Я .... вижу их. → *Je les vois rarement.*

Bravo, vous êtes venu à bout du chapitre 18 ! Il est maintenant temps de comptabiliser les icônes et de reporter le résultat en page 128 pour l'évaluation finale.

19

L'instrumental – L'accord des nombres

L'instrumental singulier

L'instrumental est le cas du complément circonstanciel, il indique le moyen de l'action. Ce cas est simple.

- Les masculins et les neutres durs se terminent par **ом**, les mous et ceux qui se terminent en chuintante (**ж, ч, ш, щ**) se terminent par **ем** (sauf quelques exceptions, comme карандаш**ом** : стул [stoul], *chaise* – стул**ом** [stoulam] ; окн**о** [akno], *fenêtre* – окн**ом** [aknom] ; муж [mouch], *mari* – муж**ем** [moujêm]).
- Les féminins durs se terminent par **ой**, les mous et ceux qui se terminent en chuintante (**ж, ч, ш, щ**) se terminent par **ей**, sauf les mots qui se terminent par le signe mou, qui se terminent alors par **ю** : книга [kniga], *livre* – книг**ой** [knigaï] ; гиря [guiria], *altère* – гир**ей** [guiriéï] ; жизнь [jyzn'], *vie* – жизн**ью** [jyzn'iou].

❶ Mettez les mots suivants à l'instrumental singulier.

a. крокодил [krakadil], *crocodile* → ....
b. ручка [routchka], *stylo* → ....
c. тётя [tiotia], *tante* → ....
d. грипп [grip], *grippe* → ....
e. человек [tchilaviék], *homme* → ....
f. здание [zdani-ié], *bâtiment* → ....
g. пингвин [pingvin], *pingouin* → ....
h. карандаш [karandach], *crayon* → ....
i. печь [piétch'], *poêle* → ....
j. чай [tchaï], *thé* → ....

L'instrumental pluriel

L'instrumental pluriel des durs de tous les genres se termine par **ами**, celui des mous par **ями**.
звезда [zvizda], *étoile* – звёзд**ами** [zviozdami]
кот [kot], *chat* – кот**ами** [katami]
море [morié], *mer* – мор**ями** [mariami]

CHAPITRE 19 : L'INSTRUMENTAL – L'ACCORD DES NOMBRES

2 Mettez les mots suivants à l'instrumental pluriel.

a. бутылка [boutylka], *bouteille* → ....

b. утюг [outiouk], *fer à repasser* → ....

c. корабль [karablⁱ], *bateau* → ....

d. свеча [svitcha], *bougie* → ....

e. сапог [sapok], *botte* → ....

f. деньги [dién'gui], *argent* → ....

g. звезда [zvizda], *étoile* → ....

h. краски [kraski], *peinture* → ....

i. идея [idié-ia], *idée* → ....

j. зима [zima], *hiver* → ....

Emploi de l'instrumental

Certains verbes exigent l'emploi de l'instrumental.
Souvent, l'instrumental est précédé de la préposition **с** [s], *avec* :
С кем? [skiém] → *Avec qui ?* – **С папой** [spapaï] → *Avec papa.*

3 Observez les verbes après lesquels on utilise l'instrumental. Vous trouverez leur prononciation dans le corrigé. Mettez les mots entre parenthèses à la bonne forme.

a. стать (врач) .... → *devenir médecin*

b. спорить с (друзья) .... → *contredire, ne pas être d'accord avec ses amis*

c. работать (учитель) .... → *travailler comme instituteur*

d. разговаривать с (соседи) .... → *discuter avec les voisins*

e. ругаться с (коллега) .... → *se disputer avec un collègue*

f. познакомиться с (человек) .... → *faire connaissance avec une personne*

g. заниматься (плавание) .... → *faire de la natation*

h. писать (фломастер) .... → *écrire avec un feutre*

CHAPITRE 19 : L'INSTRUMENTAL – L'ACCORD DES NOMBRES

4 Faites des phrases avec les mots proposés, en vous aidant de la traduction.
Ex. Вчера – Олег – быть – с – подруга = *Hier, Oleg était avec une amie.*
→ Вчера Олег был с подругой.

a. Раньше – он – работать – юрист = *Avant, il travaillait comme juriste.*
→ ....

b. Я – давно – жить – с – ты = *Je vis avec toi depuis longtemps.*
→ ....

c. Однажды – дети – быть – родители = *Un jour, les enfants seront parents.*
→ ....

d. Сейчас – Оля – писать – карандаш = *Maintenant Olia écrit avec un crayon.*
→ ....

e. Ты – постоянно – говорить – с – собака = *Tu parles tout le temps avec le chien.*
→ ....

5 Reconstituez le dialogue en mettant les mots entre parenthèses à la bonne forme. Attention aux différents cas et à la conjugaison des verbes.

a. – Познакомься с моим (брат) .... → *Je te présente mon frère* (littéralement : *Fais connaissance avec mon frère*).
 – Очень приятно! → *Enchanté !*

b. – Мы (идти) .... в спортзал → *Nous allons à la salle de sport.*

c. Он занимается (теннис) .... → *Il fait du tennis.*

d. Обычно он (ходить) .... с нашей (мама) ....
→ *D'habitude, il y va avec notre maman,*

e. но сегодня она целый день в (офис) ....
→ *mais aujourd'hui, elle est au bureau toute la journée,*

f. поэтому он (идти) .... в зал со (я) ....
→ *c'est pourquoi il va à la salle avec moi.*

g. (Хотеть) ...., пойдём с (мы) ....?
→ *Tu veux venir avec nous ?*

h. – С (удовольствие) ....! → *Avec plaisir !*

i. Я ведь тоже занимаюсь (спорт) .... → *Je fais du sport moi aussi.*

CHAPITRE 19 : L'INSTRUMENTAL – L'ACCORD DES NOMBRES

Banque de mots

давай! [davaï], *allez, vas-y !* mais aussi *donnez !*
дай! [daï], *donne !*
говори! [gavari], *parle !*
замолчи! [zamaltchi], *tais-toi !*
заходи! [zaHadi], *entre !*
отстань! [ats-tagne], *laisse-moi tranquille !*
забудь! [zabouts], *oublie !*

иди сюда! [idi siouda], *viens ici !*
отдай! [addaï], *rends(-moi) !*
беги! [bigui], *cours !*

Petite astuce : pour mettre toutes ces formes impératives au pluriel, ajoutez **те** [tié] à la fin : **заходите!** [zaHaditié], *entrez !* ; **дайте!** [daïtié], *donnez !*

6 Reliez les mots des deux colonnes de façon à réunir le singulier et le pluriel.

a. дай [daï], *donne* •
b. сядь [siats], *assieds-toi* •
c. открой [atkroï], *ouvre* •
d. встань [fstagne], *lève-toi* •
e. держи [dirjy], *tiens* •
f. смотри [smatri], *regarde* •
g. спи [spi], *dors* •
h. давай [davaï], *vas-y* •

• 1. держите [dirjytié], *tenez*
• 2. дайте [daïtié], *donnez*
• 3. смотрите [smatritié], *regardez*
• 4. сядьте [siatʲtié], *asseyez-vous*
• 5. давайте [davaïtié], *allez-y*
• 6. встаньте [fstanʲtié], *levez-vous*
• 7. откройте [atkroïtié], *ouvrez*
• 8. спите [spitié], *dormez*

7 Complétez les phrases en choisissant le bon verbe dans la liste.

Отстань / Заходи / Отдай / Бегите / иди / Забудь / заходите
Замолчи / Дайте

a. Вы уже здесь? Ну, ...! → *Vous êtes déjà ici ? Entrez donc !*
b. ....! → *Laisse-moi tranquille !*
c. .... эту историю! → *Oublie cette histoire !*
d. .... быстрее! → *Courez plus vite !*
e. ...., не стесняйся! → *Entre, ne sois pas timide !*
f. Скорее .... сюда! → *Viens vite ici !*
g. .... мне ваш номер! → *Donnez-moi votre numéro !*
h. Как ты смеешь? ....! → *Comment oses-tu ? Tais-toi !*
i. .... мою книгу! → *Rends-moi mon livre !*

CHAPITRE 19 : L'INSTRUMENTAL – L'ACCORD DES NOMBRES

L'accord des nombres

Pour accorder un nombre avec un nom, il faut appliquer les règles suivantes :

- Après le chiffre 1 et tous les nombres se terminant par 1 (21, 51, 101, etc.), on emploie le nominatif singulier. N'oubliez pas que **один** s'accorde en genre et nombre : **двадцать одна книга** [dvatsatˢ adna kniga], *vingt et un livres*.
- Après les chiffres 2, 3, 4 et tous les nombres se terminant par 2, 3, 4, on utilise le génitif singulier : **два стола** [dva stala], *deux tables* ; **двадцать две книги** [dvatsatˢ dvié knigui], *vingt-deux livres*.
- Après zéro, mais également après les nombres compris entre 5 et 20 et tous les nombres se terminant par 5 à 9, on utilise le génitif pluriel : **двадцать пять книг** [dvatsatˢ piatˢ knik], *vingt-cinq livres*.

8 Choisissez l'accord correct.

a. 1 garçon
1. мальчика
2. мальчиков
3. мальчик

b. 5 personnes
1. человек
2. человека
3. человеков

c. 2 poissons
1. рыбы
2. рыб
3. рыба

d. 0 idée
1. идея
2. идей
3. идеи

e. 3 maris
1. муж
2. мужей
3. мужа

f. 7 minutes
1. минут
2. минута
3. минуты

g. 31 couvertures
1. одеял
2. одеяла
3. одеяло

h. 10 photos
1. фотографий
2. фотографии
3. фотография

i. 101 ballons
1. мячей
2. мяч
3. мяча

9 Accordez les noms entre parenthèses avec les nombres.

a. 6 (час, *heure*) → ....

b. 2 (ночь, *nuit*) → ....

c. 50 (рубль, *rouble*) → ....

d. 0 (кресло, *fauteuil*) → ....

e. 4 (подруга, *amie*) → ....

f. 31 (пара, *paire*) → ....

g. 19 (рубашка, *chemise*) → ....

h. 11 (карандаш, *crayon*) → ....

i. 20 (лампа, *lampe*) → ....

CHAPITRE 19 : L'INSTRUMENTAL – L'ACCORD DES NOMBRES

10 Remplissez le tableau avec les mots russes, en vous aidant de leur traduction.

a. | с | у | п |

b.

c.

d.

e.

f.

g.

h.

i.

j.

k.

l.

m.

n.

o.

p.

1. *soupe*
2. *fromage*
3. *oignon*
4. *pain*
5. *viande*
6. *crabe*
7. *beurre*
8. *pastèque*
9. *sucre*
10. *concombre*
11. *pomme*
12. *poulet*
13. *tomate*
14. *saucisson*
15. *chocolat*
16. *pomme de terre*

помид**о**р
краб
яблоко
~~суп~~
карт**о**фель
арб**у**з
лук
колбас**а**
м**я**со
сыр
огур**е**ц
к**у**рица
шокол**а**д
м**а**сло
хлеб
с**а**хар

Bravo, vous êtes venu à bout du chapitre 19 ! Il est maintenant temps de comptabiliser les icônes et de reporter le résultat en page 128 pour l'évaluation finale.

20
La déclinaison des adjectifs
L'accord des ordinaux

La déclinaison des adjectifs au singulier

Observez les terminaisons des adjectifs au singulier, à l'exemple des adjectifs durs **красный** [krasnyï], **красная** [krasna-ia], **красное** [krasna-ié], *rouge,* et mou **синий** [siniï], **синяя** [sini-ia], **синее** [sinié-ié], *bleu.*

Remarquez que le féminin est extrêmement facile, mais le masculin et le neutre également (ces derniers ont presque toujours la même déclinaison).

	Durs		Mous	
	Masculin, neutre	Féminin	Masculin, neutre	Féminin
N	красный, красное	красная	синий, синее	синяя
G	красного [krasnava]	красной [krasnaï]	синего [siniva]	синей [siniï]
D	красному [krasnamou]	красной [krasnaï]	синему [sinimou]	синей [siniï]
A	Comme au nominatif* ou comme au génitif**	красную [krasnou-iou]	Comme au nominatif* ou comme au génitif**	синюю [sini-iou]
I	красным [krasnym]	красной [krasnaï]	синим [sinim]	синей [siniï]
L	красном [krasnam]	красной [krasnaï]	синем [siniém]	синей [siniï]

* Pour les masculins inanimés et les neutres.
** Pour les masculins animés.

1 Mettez les adjectifs et les noms suivants au cas indiqué.

a. сильный папа [sil'nyï papa] → *un papa fort* – accusatif : сильн ___ пап_

b. круглое колесо [krougla-ié kalisso] → *une roue ronde* – génitif : кругл ___ колес_

c. красивая девушка [krassiva-ia diévouchka] → *une belle jeune femme* – datif : красив __ девушк_

d. тяжёлый день [tijolyï diégne] → *une dure journée* – locatif : тяжёл __ дн_

e. простой ответ [prastoï atviét] → *une réponse simple* – instrumental : прост __ ответ__

CHAPITRE 20 : LA DÉCLINAISON DES ADJECTIFS – L'ACCORD DES ORDINAUX

f. интересная книга [intiriésna-ia kniga] ➡ *un livre intéressant* – locatif : интересн __ книг_

g. счастливое детство [schisliva-ié diétstva] ➡ *une enfance heureuse* – génitif : счастлив ___ детств_

h. глубокий пруд [gloubokiï prout] ➡ *un étang profond* – accusatif : глубок __ пруд

i. тёмный угол [tiomnyï ougal] ➡ *un coin sombre* – locatif : тёмн __ угл_

j. сложная задача [slojna-ia zadatcha] ➡ *un objectif compliqué* – génitif : сложн __ задач_

k. грустная песня [grousna-ia piésnia] ➡ *une chanson triste* – locatif : грустн __ песн_

❷ Mettez les adjectifs : a) au locatif ; b) à l'instrumental.

a. **1.** Я учусь во (французский) школе. [ia outchoussⁱ vafrantsouskaï chkolié]
➡ *J'étudie à l'école française.*

....

2. Они купили это на (центральный) рынке. [oni koupili êta natsyntralⁱnam rynkié] ➡ *Ils ont acheté cela au marché central.*

....

3. Вас видели на (Красная) площади. [vass vidili na krasnaï ploschidi]
➡ *On vous a vus sur la place Rouge.*

....

b. **1.** Мы гордимся вашим (младший) сыном. [my gardimsia vachym mlatchym synam] ➡ *Nous sommes fiers de votre fils cadet.*

....

2. Вы довольны (новая) няней. [vy davolⁱny novaï nianiéï] ➡ *Vous êtes contents de la nouvelle nounou.*

....

3. Он работает (спортивный) тренером. [on rabota-iét spartivnym tréniram] ➡ *Il travaille en tant qu'entraîneur sportif.*

....

CHAPITRE 20 : LA DÉCLINAISON DES ADJECTIFS – L'ACCORD DES ORDINAUX

La déclinaison des adjectifs au pluriel

Le pluriel est encore plus simple car il est commun à tous les genres.

	Durs	Mous
N	красные [krasny-ié]	синие [sini-ié]
G	красных [krasnyH]	синих [siniH]
D	красным [krasnym]	синим [sinim]
A	Comme au nominatif* ou comme au génitif**	Comme au nominatif* ou comme au génitif**
I	красными [krasnymi]	синими [sinimi]
L	красных [krasnyH]	синих [siniH]

* Pour les inanimés.
** Pour les animés.

L'usage des adjectifs

Les adjectifs répondent à la question **какой?** [kakoï], *quel ?* (**какая?** [kaka-ia], *quelle ?* ; **какое?** [kako-ié], *quel ?* ; **какие?** [kaki-ié], *quels / quelles ?*).

3 Reportez chaque adjectif dans la colonne de la question correspondante.

	какой?	какая?	какое?
синий стол [siniï stol], *table bleue*			
красное яблоко [krasna-ié iablaka], *pomme rouge*			
чёрный шоколад [tchiornyï chykalat], *chocolat noir*			
коричневая шапка [karitchniva-ia chapka], *bonnet marron*			
голубое небо [galoubo-ié niéba], *ciel bleu (ciel)*			
фиолетовый фломастер [fialiétavyï flamastiér], *feutre violet*			
оранжевая футболка [aranjyva-ia foutbolka], *T-shirt orange*			
жёлтое солнце [jolta-ié sontsê], *soleil jaune*			
зелёная груша [ziliona-ia groucha], *poire verte*			
розовый галстук [rozavyï galstouk], *cravate rose*			
бордовая помада [bardova-ia pamada], *rouge à lèvres bordeaux*			

CHAPITRE 20 : LA DÉCLINAISON DES ADJECTIFS – L'ACCORD DES ORDINAUX

4 Complétez le tableau en accordant l'adjectif avec le nom.

	Что? [chto], *que, quoi ?*	**Кто?** [kto], *qui ?*
a.	русская компания [rousska-ia kampani-ia]	Я работаю в .... компании. *Je travaille dans une compagnie russe.*
b.	серый кот [siéryï kot]	У него есть .... кот. *Il a un chat gris.*
c.	большая квартира [bal'cha-ia kvartira]	Они купили .... квартиру. *Ils ont acheté un grand appartement.*
d.	высокий человек [vyssokiï tchilaviék]	Она видит .... человека. *Elle voit un grand homme.*
e.	весёлая девушка [vissiola-ia diévouchka]	Он встретил .... девушку. *Il a rencontré une jeune fille joyeuse.*
f.	новый ресторан [novyï ristaran]	Мы обедаем в .... ресторане. *Nous déjeunons au nouveau restaurant.*
g.	главный редактор [glavnyï ridaktar]	Раньше я был .... редактором. *Avant, j'étais rédacteur en chef.*

5 Mettez les adjectifs entre parenthèses au cas voulu.

a. Мы были на (важный) .... встрече. [my byli navajnaï fstriétchié]
→ *Nous étions à un rendez-vous important.*

b. Я иду на (детский) .... спектакль. [ia idou na diétskiï spiktakl']
→ *Je vais à un spectacle pour enfants.*

c. Ей подарили (дорогой) .... туфли. [iéï padarili daragi-ié toufli]
→ *On lui a offert des chaussures chères.*

d. Слышишь эту (грустный) .... песню? [slychych êtou grousnou-iou piésniou] → *Entends-tu cette chanson triste ?*

e. Бабушка испекла много (вкусный) .... блинов. [babouchka ispikla mnoga fkousnyH blinof] → *La grand-mère a fait (cuit) beaucoup de bonnes crêpes.*

f. Нас познакомили с очень (странный) .... дамой. [nass paznakomili sotchigne strannaï damaï] → *On nous a présenté une dame très étrange.*

CHAPITRE 20 : LA DÉCLINAISON DES ADJECTIFS – L'ACCORD DES ORDINAUX

La météo

Какая сегодня погода? [kaka-ia sivodnia pagoda], *Quel temps fait-il aujourd'hui ?*

жара [jara], *chaleur, canicule*
тепло [tiplo], *il fait bon*
ветер [viétiér], *vent*
дождь [dochtˢ], *pluie*
ливень [liviégne], *averse*
град [grat], *grêle*

снег [sniék], *neige*
холод [Holat], *froid*
мороз [maross], *froid (givre)*
пурга [pourga], *tempête de neige*
сугроб [sougrop], *tas de neige*

6 Complétez les phrases avec les mots correspondants de la banque de mots ou avec ceux que vous connaissez déjà.

a. *Quel temps fait-il aujourd'hui ?* → Какая сегодня ………? [kaka-ia sivodnia pagoda] – *Aujourd'hui, il fait beau : il fait bon et il n'y a pas de vent.* → Сегодня хорошая ………: ……… и ……… ветра. [sivodnia Harocha-ia pagoda tiplo i niét viétra]

b. *Et quel temps a-t-il fait hier ?* → А какая ……… была ………? [a kaka-ia pagoda byla ftchira] – *Hier, il a plu et dans la soirée, il y a même eu de la neige.* → ……… был ………, а вечером даже ………. [ftchira byl dochtˢ a viétchiram dajê sniék]

c. *Quel temps fera-t-il demain ?* → ……… ……… будет завтра? [kaka-ia pagoda boudiét zaftra] – *À la radio, on dit qu'il y aura une tempête de neige.* → По ……… говорят, что завтра будет ………. [paradio gavariat chto zaftra boudiét pourga]

Les ordinaux

Les ordinaux russes ont les mêmes terminaisons que les adjectifs et s'accordent avec les noms en genre et en nombre. Leur déclinaison est également la même que celle des adjectifs.

7 Trouvez l'intrus.

a. Lequel n'est pas un nombre ? девятый тихий первый пятый
b. Lequel est un animé ? книга стол кот вода
c. Lequel est un animé ? бал мальчик стул зал
d. Lequel est un singulier ? глаза ноги волосы голова

CHAPITRE 20 : LA DÉCLINAISON DES ADJECTIFS – L'ACCORD DES ORDINAUX

8 Mettez les phrases suivantes au cas indiqué.

  a. вторая станция [ftara-ia stantsy-ia] → *deuxième station* – accusatif :
     втор ☐☐☐ станц ☐☐

  b. нулевой километр [noulivoï kilamiétr] → *kilomètre zéro* – locatif :
     нулев ☐☐ километр ☐

  c. шестое дело [chysto-ié diéla] → *sixième affaire* – génitif :
     шест ☐☐☐ дел ☐

  d. первый муж [piérvyï mouch] → *premier mari* – accusatif :
     перв ☐☐☐ муж ☐

  e. сотый раз [sotyï rass] → *centième fois* – instrumental :
     сот ☐☐ раз ☐☐

  f. одиннадцатое приглашение [adinatsata-ié priglachêni-ié]
     → *onzième invitation* – datif : одиннадцат ☐☐☐ приглашен ☐☐

9 Traduisez les phrases suivantes.

  a. Сегодня холодно, дождь и ветер. [sivodnia Holadna docht[s] i viéti[é]r]
     → ....

  b. Я хочу эту зелёную грушу. [ia Hatchou êtou zilionou-iou grouchou]
     → ....

  c. Ты занимаешься спортом? – Да, футболом. [ty zanima-iéchsia sportam? – da, foudbolam]
     → ....

  d. У него две книги и пять тетрадей. [ounivo dvié knigui i piat[s] titradiéï]
     → ....

  e. Утром мы пьём много молока. [outram my piom mnoga malaka]
     → ....

  f. Всё время смотришь телевизор… – Отстань, пожалуйста! [fsio vriémia smotrich tilivizar… – atstagne pajalousta]
     → ....

  g. Какая громкая музыка! [kaka-ia gromka-ia mouzyka]
     → ....

CHAPITRE 20 : LA DÉCLINAISON DES ADJECTIFS – L'ACCORD DES ORDINAUX

 Insérez les mots de la liste dans le texte suivant. Nous vous donnons la traduction pour faciliter la compréhension du texte.

**х_о_лодно / д_о_мом / остан_о_вку / больш_а_я / идёт / М_а_ше
м_у_зыкой / авт_о_бусе / тепл_о_ / шк_о_лу**

(a) .... семь лет [m_a_chê siém[i] liét]. Он_а_ (b) .... девочка [ana bal[i]cha-ia diévatcka]. М_а_ша х_о_дит в (c) ...., а в_е_чером занима_е_тся (d) .... [m_a_cha H_o_dit fchk_o_lou a vi_e_tchiram zanim_a_-itsa m_o_uzykaï]. Шк_о_ла нах_о_дится р_я_дом с (e) .... [chk_o_la naH_o_ditsa r_i_adam zd_o_mam]. Когд_а_ (f) ...., М_а_ша (g) .... туда пешк_о_м; когд_а_ (h) ...., он_а_ _е_дет на (i) .... одн_у_ (j) .... [kadg_a_ tipl_o_ m_a_cha idi_o_t touda pichk_o_m; kagd_a_ H_o_ladna an_a_ i_e_diét naaftoboussié adn_o_u astan_o_fkou].

Macha a 7 ans. C'est une grande fille. Macha va à l'école et le soir, elle fait de la musique. L'école se trouve à côté de la maison. Quand il fait bon, Macha y va à pied ; quand il fait froid, elle prend le bus juste pour un arrêt.

Bravo, vous êtes venu à bout du chapitre 20 ! Il est maintenant temps de comptabiliser les icônes et de reporter le résultat en page 128 pour l'évaluation finale.

SOLUTIONS

1. Alphabet, lettres, sons

1 a. a b. o c. t d. s e. k f. m g. p
2 a. la b. no c. ta d. vo e. kou f. si g. to h. cha i. pi j. rié
3 a. souk b. pop c. ata d. mos e. vot f. pin g. roum h. lam i. nam j. zok
4 a. [von] b. [sién] c. [roun] d. [ban] e. [tên] f. [vién] g. [moun] h. [on] i. [lién] j. [san]
5 a. 7 b. 4 c. 9 d. 1 e. 2 f. 10 g. 3 h. 6 i. 8 j. 5
6 a. [tou] – [tiou] b. [ma] – [mia] c. [so] – [sio] d. [my] – [mi] e. [lê] – [lié] f. [ty] – [ti] g. [vou] – [viou]
7 À droite : зуд, муж, раз, зов, вид, миг ; à gauche : суп, рот, миф, кит, час
8 a. 2 b. 3 c. 2 d. 1 e. 1 f. 2 g. 3 h. 2 i. 3 j. 1

2. Lisons ensemble

1 a. [niét], non b. [papa], papa c. [lampa], lampe d. [chok], choc e. [banan], banane f. [viza], visa g. [bank], banque h. [tiékst], texte
2 a. golass b. ana c. opira d. êta e. ti-atr f. kantsêtr g. tilifon
3 1. бомба 2. вот 3. дом 4. ель 5. зонт 6. кот 7. лес 8. мост 9. он 10. пол
4 a. [gass] b. [lotka] c. [krap] d. [cha-ns] e. [taksi] f. [biliét]
5 a. [ananass], ananas – 3 b. [roza], rose – 7 c. [stop], stop – 8 d. [gyraf], girafe – 6 e. [sport], sport – 4 f. [louna], lune – 1 g. [kastioum], costume – 5 h. [guitara], guitare – 2
6 a. суп b. шеф c. йод d. футбол e. код f. бас g. тип
7 a. 1 b. 3 c. 1 d. 2 e. 2 f. 3 g. 1 h. 2 i. 3
8 a. банан b. газ c. водка d. какао e. матрёшка f. крем

3. Le nominatif, le masculin singulier, animé-inanimé

1 a. a – а, массаж b. о – б, бомба c. г – и, гид d. а – п, лампа e. р – с – р – а, ресторан f. з – б, зебра g. ш – к – л, шоколад h. а – д – а, радар
2 mous : b, c, g, i ; durs : a, d, e, f, h
3 a, d, e, g, i, j, l
4 a. [ti-atr], masculin – 10 b. [massa] – 5 c. [borsch], masculin – 2 d. [ziébra] – 7 e. [idié-ia] – 3 f. [diskatiéka] – 9 g. [tsar], masculin – 6 h. [mimoza] – 1 i. [têst], masculin – 4 j. [fizika] – 8
5 a, c, d, f, g, h
6 a. Кто b. Что c. Кто d. Кто e. Что f. Что g. Кто h. Что. Les mots masculins sont : стул, президент, врач, ребёнок
7 a. дом b. виза c. банан d. костюм e. концерт
8 a. 2. Ce n'est pas une boisson. b. 3. C'est le seul mot qui n'est pas masculin. c. 1. C'est le seul mot inanimé

4. Le nom féminin singulier – Les mots interrogatifs

1 d, e, g, i
2 a. опера b. билет c. зуб d. луна e. жираф f. окно
3 медведь, ours, m ; кровать, lit, f ; книга, livre, f ; арбуз, pastèque, m ; корабль, bateau, m ; зебра, zèbre, f ; корова, vache, f ; нос, nez, m
4 a. [risk] b. [jyzgne] c. [vot] d. [pouts] e. [ma-iak] f. [glaza] g. [mysl¹] h. [gouba]
5 a. 2 b. 5 c. 7 d. 6 e. 4 f. 3 g. 1

6 весна, printemps ; лето, été ; осень, automne ; зима, hiver
7 машина [machyna], voiture
8 a. 3 b. 1 c. 2 d. 1 e. 3 f. 3 g. 2 h. 1
9 a. f d. m e. f f. g. m i. m j. f. Les autres noms sont neutres

5. Le nom neutre singulier – Les pronoms personnels – La négation

1 a. [stoudiént], étudiant b. [radi-o], radio c. [aftobouss], autobus d. [aktior], acteur e. [fil'm], film f. [ouniv¹⁰rsitiét], université g. [mouzyka], musique h. [fatografi-ia], photographie i. [mitro], métro j. [prizidiént], président
2 a. M b. F c. M d. M e. F f. F g. M h. N i. M j. N k. N
3 Париж – Франция ; Лондон – Англия ; Рим – Италия ; Москва – Россия ; Берлин – Германия ; Мадрид – Испания ; Токио – Япония
4 пальто ; здание ; метро ; вино
5 a. он b. оно c. он d. она e. оно f. она g. он h. оно i. он j. она
6 a. 5 – книга b. 7 – рука c. 1 – весна d. 9 – почему e. 2 – корова f. 4 – арбуз g. 8 – кровать h. 3 – стакан i. 6 – брюки
7 a. Вот он b. Вот оно c. Вот она d. Вот он e. Вот она f. Вот он
8 ДА a. Да, это сегодня. b. Да, это лес. c. Да, это чай. d. Да, это Виктор. e. Да, это библиотека. НЕТ a. Нет, это не крокодил. b. Нет, это не телефон. c. Нет, это не юбка. d. Нет, это не тетрадь. e. Нет, это не завтра.

6. Le pluriel des noms masculins – L'incompatibilité orthographique

1 a. sol, полы [paly] b. pronostic, прогнозы [pragnozy] c. billet, билеты [biliéty] d. cheval, кони [kogni] e. crabe, крабы [kraby] f. chance, шансы [chansy] g. verre, стаканы [stakany] h. dent, зубы [zouby] i. étudiant, студенты [stoudiénty] j. musée, музеи [mouzié-i]
2 a. города b. дни c. глаза d. рты e. дома f. пальцы g. паспорта h. коты i. учителя
3 a. N b. M c. N d. F e. N f. F g. M h. F i. M j. F
4 американец – американка ; англичанин – англичанка ; испанец – испанка ; итальянец – итальянка ; немец – немка ; россиянин – россиянка ; француз – француженка ; японец – японка
5 a. газы b. дни c. коды d. чаи e. зонты f. рты g. часы
6 a. шефы b. кони c. мячи d. столы e. рубли f. города g. клеи h. карандаши i. утюги j. водители k. учителя l. бананы
7 a. 2 b. 1 c. 2 d. 3 e. 1 f. 1 g. 3
8 a. мамы b. дома c. столы d. коты e. моря f. жирафы
9 a. день, jour b. доктор, docteur c. немец, Allemand d. нос, nez e. ребёнок, enfant f. дом, maison g. царь, tsar h. папа, papa i. глаз, œil j. рот, bouche
10 a. tomate, M b. fenêtre, N c. eau, F d. chien, F e. été, N f. médecin, M g. verre, M h. porte, F i. pied, jambe J. mer, M
11 a. [s] b. [t] c. [H] d. [k] e. [p] f. [ch] g. [s] h. [H] i. [p] j. [t] k. [k] l. [ch]

123

SOLUTIONS

7. Le pluriel des noms féminins — Les pronoms personnels

❶ a. [bank], *banque* **b.** [machyna], *voiture* **c.** [faks], *fax* **d.** [ofiss], *bureau* **e.** [alo], *allô* **f.** [ti-atr], *théâtre* **g.** [fatograf], *photographe* **h.** [kampani-ia], *compagnie* **i.** [kassiéta], *cassette* **j.** [tilivizar], *télévision*

❷ a. машина **b.** человек **c.** жираф **d.** день **e.** стол

❸ a. лампа **b.** мысль **c.** подушка **d.** сестра **e.** идея **f.** коза **g.** площадь **h.** дочь **i.** часть **j.** земля

❹ a. стены **b.** тени **c.** губы **d.** кровати **e.** зимы **f.** мыши **g.** коровы **h.** собаки **i.** люстры

❺ a. Je suis étudiant. **b.** Elle est française. **c.** Ils sont enfants. **d.** Êtes-vous médecin ? **e.** Il est ici. **f.** Nous sommes sœurs. **g.** Où es-tu ?

❻ a. собака **b.** окно **c.** словарь **d.** море **e.** рот **f.** площадь **g.** метро **h.** губа **i.** ковёр

❼ a. двери **b.** студентки **c.** газеты **d.** квартиры **e.** подруги **f.** картины **g.** фотографии **h.** дачи **i.** комнаты

❽ a. 5 **b.** 2 **c.** 10 **d.** 4 **e.** 7 **f.** 9 **g.** 6 **h.** 1 **i.** 8 **j.** 3

❾ a. рот **b.** нос **c.** рука **d.** нога **e.** палец **f.** голова

8. Le pluriel des noms neutres — Les adjectifs possessifs

❶ 1. я, *je* 2. да, *oui* 3. там, *là-bas* 4. офис, *bureau* 5. здесь, *ici* 6. собака, *chien* 7. подушка, *oreiller* 8. квартира, *appartement* 9. полотенце, *serviette* 10. математика, *mathématiques* 11. француженка, *Française*

❷ a. F **b.** M **c.** N **d.** F **e.** N **f.** M **g.** F **h.** M **i.** F **j.** N **k.** M **l.** M

❸ a. окна **b.** деревья **c.** места **d.** яблоки **e.** перья **f.** имена **g.** колёса **h.** лица

❹ a. лбы, M **b.** дочери, F **c.** зеркала, N **d.** дни, M **e.** люди, M **f.** сёстры, F **g.** поезда, M **h.** кольца, N **i.** этажи, M **j.** слова, N

❺ a. окно **b.** пальто **c.** море **d.** растение **e.** дерево **f.** яблоко

❻ 1. вечер, *soir*, M 2. бабочка, *papillon*, F 3. город, *ville*, M 4. утюг, *fer à repasser*, M 5. окно, *fenêtre*, N 6. кресло, *fauteuil*, N 7. крокодил, *crocodile*, M

❼ a. полотенца **b.** здания **c.** растения **d.** деревья **e.** мучения

❽ a. слева **b.** впереди – сзади **c.** дома **d.** справа

❾ a. 1 **b.** 2 **c.** 3 **d.** 1 **e.** 3 **f.** 1 **g.** 2 **h.** 3

❿ a. mon fils **b.** sa grand-mère (à lui) **c.** tes idées **d.** notre café **e.** sa voix (à elle) **f.** votre maître **g.** ton numéro **h.** leur oncle **i.** ma photographie

⓫ помидоры, *tomates* ; молоко, *lait* ; сыр, *fromage* ; курица, *poulet* ; картофель, *pomme de terre* ; колбаса, *saucisson*

9. L'accord en genre et en nombre de l'adjectif

❶ a. dur **b.** mou **c.** dur **d.** mou **e.** dur **f.** dur **g.** mou **h.** mou **i.** mou **j.** dur **k.** mou **l.** dur

❷ a. M **b.** F **c.** N **d.** F **e.** M **f.** M **g.** F **h.** N **i.** N **j.** M **k.** N **l.** F

❸ красный – мяч ; белое – облако ; чёрная – перчатка ; зелёный – кактус ; жёлтое – ведро ; голубая – дверь ; коричневая – собака

❹ a. новый галстук [novyï galstouk] **b.** толстая шея [tolsta-ia chê-ia] **c.** домашнее задание [damachnié-ié zadani-ié] **d.** надувная лодка [nadouvna-ia lotka] **e.** громкий звук [gromkiï zvouk] **f.** осенняя погода [assiénni-ia pagoda] **g.** чёрное такси [tchiorna-ié taksi] **h.** тихая улица [tiHaia oulitsa] **i.** больная собака [bal'na-ia sabaka] **j.** нижняя полка [nijni-ia polka] **k.** горячее молоко [gariatchié-ié malako] **l.** спелое яблоко [spiéla-ié iablaka] **m.** синее море [sinié-ié morié]

❺ [magazi-n] ; [journal] ; [bakal] ; [kanikouly] ; [famili-ia] ; [kompass] ; [diébri] ; [talo-n] ; [parol']

❻ a. плохая **b.** милый **c.** белое **d.** здешняя **e.** злая **f.** бесконечное

❼ a. лишние **b.** прежние **c.** радостные **d.** высокие **e.** грустные **f.** розовые **g.** ранние **h.** большие **i.** здоровые **j.** искренние **k.** внутренние **l.** худые

❽ a. 3 **b.** 5 **c.** 8 **d.** 1 **e.** 4 **f.** 9 **g.** 7 **h.** 2 **i.** 6

❾ a. Сегодня хороший день **b.** Это интересная книга **c.** Вы кто? – Я – молодой студент **d.** Это твоя младшая сестра? – Да, это она.

❿ a. спокойные дети **b.** весёлые песни **c.** овальные зеркала **d.** правильные адреса **e.** тёмные ночи **f.** холодные моря **g.** умные сёстры **h.** мои номера **i.** великолепные музеи **j.** добрые люди

10. Le verbe au présent et la conjugaison du premier groupe

❶ a. 1. читаешь 2. читаем 3. читают **b.** 1. играет 2. играешь 3. играете **c.** 1. работаешь 2. работает 3. работают **d.** 1. покупаю 2. покупает 3. покупаешь **e.** 1. думаешь 2. думаете 3. думает **f.** 1. знаю 2. знаем 3. знают **g.** 1. решаешь 2. решаете 3. решает **h.** 1. ругаю 2. ругают 3. ругаете

❷ ты играешь

❸ a. ты идёшь **b.** он делает **c.** я решаю **d.** мы ругаем **e.** она думает **f.** вы покупаете **g.** оно работает **h.** они идут

❹ a. читаешь **b.** читает **c.** читаем **d.** читаете **e.** читают **f.** несу **g.** ты **h.** несёт **i.** несём **j.** несёте

❺ a. Они врачи. **b.** Они студенты. **c.** Они журналисты. **d.** Они актёры.

❻ делаем

❼ 1. **a.** Мы идём. **b.** Они работают. **c.** Вы читаете. **d.** Они делают. **2. a.** Ты решаешь. **b.** Он играет. **c.** Она думает. **d.** Я несу.

❽ a. 4 **b.** 1 **c.** 7 **d.** 3 **e.** 8 **f.** 5 **g.** 2 **h.** 6

❾ a. читаем **b.** слушаешь **c.** делаю **d.** думает – решает

❿ a. Это наши дети. **b.** Это твои поезда. **c.** Это его планшеты. **d.** Это мои идеи. **e.** Это ваши проблемы. **f.** Это их пути. **g.** Это её зеркала. **h.** Это ваши галстуки.

11. La conjugaison du deuxième groupe — Les chiffres

❶ a. 1. держу 2. держит 3. держит **b.** 1. говорим 2. говоришь 3. говорит **c.** 1. смотрите 2. смотрит 3. смотрят **d.** 1. дышим 2. дышат 3. дышу **e.** 1. лежишь 2. лежите 3. лежит **f.** 1. любим 2. любишь 3. люблю **g.** 1. видите 2. вижу 3. видят **h.** 1. слышу 2. слышишь 3. слышит

❷ a. говорю **b.** любит **c.** смотрит

❸ верить **a.** ты веришь **b.** он верит **c.** мы верим **d.** вы верите **e.** они верят

SOLUTIONS

учить : **a.** я учу́ **b.** ты у́чишь **c.** он у́чит **d.** мы у́чим **e.** вы у́чите

❹ **a.** ви́жу **b.** ве́рят **c.** слы́шит **d.** говори́м **e.** смо́тришь

❺ **a.** смо́тришь, *Tu regardes* **b.** де́ржат, *Ils tiennent* **c.** слы́шите, *Vous entendez* **d.** ви́дят, *Ils (elles) voient tout.* **e.** лю́бим, *Nous aimons.*

❻ 1. e 2. a 3. g 4. c 5. h 6. b 7. f 8. d

❼ **a.** [adinʲ] **b.** [dva] **c.** [tri] **d.** [tchityrié] **e.** [piatˢ] **f.** [chêstˢ] **g.** [siémʲ] **h.** [vossiémʲ] **i.** [diévitˢ] **j.** [diéssitˢ] **k.** [nolʲ]

❽ **a.** два музе́я **b.** пять рек **c.** одно́ пра́вило **d.** две де́вочки **e.** три сестры́ **f.** одни́ дома́ **g.** семь дней **h.** одно́ усло́вие

❾ **a.** лежи́т **b.** слы́шат **c.** говори́те **d.** ви́дят **e.** све́тит **f.** люблю́ **g.** зна́ют

❿ **1ᵉʳ groupe :** знать, писа́ть, игра́ть, де́лать, ду́мать, рабо́тать, идти́ – **2ᵉ groupe :** люби́ть, слы́шать, держа́ть, говори́ть, учи́ть, смотре́ть, ви́деть

⓫ **a.** L'acteur joue sur scène. **b.** Tu lis un livre intéressant. **c.** Voici le téléphone. – Merci ! **d.** Où allez-vous demain ? **e.** Aujourd'hui la mer est froide.

12. La négation – Le verbe être – Les verbes réfléchis – Les ordinaux

❶ **a.** э́то не си́нее окно́, а кра́сное. **b.** э́то не их дочь. **c.** я не ви́жу Ма́шу. **d.** я ви́жу не Ма́шу.

❷ **a.** есть брат **b.** здесь есть **c.** до́ма – хлеб **d.** есть соба́ка **e.** здесь – вода́ **f.** звёзды **g.** нет **h.** Сего́дня – фильм

❸ 1. d 2. a 3. c 4. b

❹ **a.** бу́дет **b.** бу́дешь **c.** бу́дем **d.** бу́дут **e.** бу́дет **f.** бу́ду

❺ **a.** 1. де́лаюсь 2. де́лается 3. де́лаются **b.** 1. оби́димся 2. оби́дятся 3. оби́жусь **c.** 1. реша́ешься 2. реша́етесь 3. реша́ется **d.** 1. лечу́сь 2. ле́чатся 3. ле́чится **e.** 1. слу́шаемся 2. слу́шаешься 3. слу́шаюсь **f.** 1. ви́димся 2. ви́жусь 3. ви́дятся **g.** 1. договорю́сь 2. договори́шься 3. договори́мся **h.** 1. учу́сь 2. у́чится 3. у́читесь

❻ 1. f 2. e 3. d 4. a 5. c 6. h 7. g 8. b

❼ **a.** Allô ! Qui parle ? **b.** C'est très important ! **c.** Pourquoi est-il joyeux ? **d.** Tout sera bien. **e.** Où est le café ? **f.** Il est japonais et elle, elle est américaine. **g.** Les enfants vont tout droit. **h.** C'est votre problème.

❽ **a.** 2 **b.** 3 **c.** 1 **d.** 1 **e.** 2 **f.** 3 **g.** 2

❾ **a.** пя́тый ряд **b.** пе́рвая кни́га **c.** тре́тья сестра́ **d.** нулево́й киломе́тр **e.** шесты́е перча́тки **f.** второ́е чте́ние **g.** восьмо́й раз **h.** деся́тый челове́к **i.** четвёртое зда́ние **j.** седьмо́е не́бо

❿ **a.** игра́ешь **b.** люблю́ **c.** говоря́т **d.** слу́шает **e.** ви́жу **f.** ду́маете

13. Les verbes de position – Verbes perfectifs et imperfectifs

❶ **a.** 1. кладу́ 2. кладём 3. кладёт **b.** 1. сто́ишь 2. стои́т 3. стоя́т **c.** 1. ве́шаете 2. ве́шают 3. ве́шает **d.** 1. лежи́шь 2. лежу́ 3. лежи́м **e.** 1. ста́вите 2. ста́вим 3. ста́влю **f.** 1. сиди́те 2. сижу́ 3. сидя́т **g.** 1. стои́т 2. стои́шь 3. стои́м

❷ 1. d 2. a 3. f 4. b 5. e 6. c

❸ **a.** стои́т **b.** иду́т **c.** лежи́т **d.** ве́шаю **e.** стои́т **f.** сиди́т

❹ **a.** Де́ти сидя́т на дива́не. **b.** Ско́лько сто́ят э́ти гру́ши? **c.** Мы ста́вим буты́лку на стол. **d.** Ма́льчики кладу́т тетра́дь в су́мку.

❺ **a.** молоко́ **b.** сыр **c.** арбу́з **d.** бана́н **e.** колбаса́ **f.** я́блоко

❻ **Imperfectif :** a d f – **Perfectif :** b c e

❼ **a.** сказа́ть **b.** прочита́ть **c.** слома́ть **d.** съесть **e.** пойти́ **f.** сде́лать **g.** купи́ть **h.** реши́ть

❽ **a.** е́дем – Nous allons au théâtre. **b.** иду́т – Les gens vont au travail. **c.** реша́ет – Le directeur décide pour nous. **d.** де́лает – L'élève fait les devoirs lui-même. **e.** говори́т – Maman lui dit tout. **f.** лома́ешь – Tu casses la chaise !

❾ **a.** 1. слома́ю 2. слома́ет 3. слома́ете **b.** 1. покупа́ем 2. покупа́ют 3. покупа́ет **c.** 1. реши́шь 2. реши́т 3. реши́те **d.** 1. рабо́таем 2. рабо́таю 3. рабо́тают **e.** 1. ку́пит 2. ку́пите 3. куплю́ **f.** 1. жела́ем 2. жела́ют 3. жела́ет **g.** 1. узна́ю 2. узна́ете 3. узна́ет **h.** 1. ска́жешь 2. ска́жем 3. ска́жет

❿ **a.** стол **b.** стул **c.** ла́мпа **d.** дива́н **e.** кре́сло **f.** поду́шка **g.** зе́ркало **h.** полоте́нце

14. Les verbes irréguliers – Le passé

❶ 1. d 2. a 3. e 4. b 5. c

❷ **a.** спит – игра́ет **b.** даёте **c.** хочу́ **d.** даст **e.** дам **f.** зову́т **g.** хоти́м

❸ **a.** еди́м **b.** ем – пью **c.** еди́м **d.** хочу́ – де́лает **e.** гото́вит **f.** хоти́м – даёт **g.** еди́те – пьёте

❹ **a.** де́лал **b.** захоте́ли **c.** звал(а) **d.** дава́л(а) **e.** сиде́ла **f.** руга́лись **g.** ви́дел

❺ **a.** шли **b.** е́ли **c.** могло́ **d.** у́мер **e.** пошли́

❻ 1. b 2. c 3. a 4. d

❼ 1. c 2. e 3. a 4. d 5. f 6. b

❽ **a.** Как **b.** Где **c.** Кто **d.** Когда́ **e.** Что

❾ **a.** До́брое у́тро! **b.** Спаси́бо! **c.** До́брый ве́чер! **d.** До́брой но́чи! ou Споко́йной но́чи! **e.** До свида́ния! **f.** Приве́т!

❿ À l'école.
À l'école, il y a notre classe. Dans la classe, il y a des tables. Sur les tables il y a des livres et des cahiers. Je suis assis(e) sur une chaise à côté de la fenêtre. Le maître est debout à droite. Il parle et nous, nous écoutons.

15. La déclinaison des pronoms personnels – Le nominatif – Le datif

❶ **a.** Elle regarde un film. **b.** Mon frère travaille beaucoup. **c.** Léna fait mal la pizza. **d.** Nous connaissons ces gens. **e.** Katia étudie à l'université. **f.** Françoise va dans le métro. **g.** Vitia joue parfaitement au tennis. **h.** Erik et Tania font tout vite.

❷ **a.** меня́ **b.** его́ **c.** нам **d.** и́ми **e.** мне **f.** вас **g.** ей **h.** мне **i.** тобо́й **j.** им **k.** нас **l.** его́ **m.** мной

❸ **a.** зову́т **b.** мной **c.** её **d.** нам **e.** их **f.** ни́ми

❹ **a.** её **b.** ва́ми **c.** его́ **d.** им **e.** тебе́ **f.** на́ми

❺ **a.** игре́ **b.** челове́ку **c.** но́чи **d.** О́льге **e.** кни́ге **f.** дя́де **g.** Ва́не **h.** мо́рю **i.** коню́ **j.** И́горю **k.** ситуа́ции **l.** руке́

125

SOLUTIONS

❻ a. детям b. домам c. столам d. ночам e. брюкам f. морям g. пулям h. окнам

❼ a. медведь, *ours* b. площадь, *place* c. час, *heure* d. губа, *lèvre* e. стакан, *verre* f. зима, *hiver* g. часы, *montre* h. Россия, *Russie* i. брюки, *pantalon*

❽ a. Нашему шефу Ивану. b. Вашей соседке Ирине. c. Моему брату Сергею. d. Его внуку Максу. e. Их сыну Коле. f. Её собаке Жучке.

❾ a. ему b. им c. ей d. им

❿ a. в b. с c. через d. без e. Для f. Перед g. из

⓫ a. Elle a faim. b. Là-bas, nous aurons froid. c. Quand il est seul, il a peur. d. As-tu soif ? e. Nous voyons que vous avez chaud. f. Les enfants ont sommeil. g. Je m'appelle Victoria.

16. Le locatif – Prénoms et patronymes – Déclinaison des pronoms interrogatifs

❶ a. книге b. ситуации c. школе d. окне e. шкафу f. ресторане g. музее h. саду i. отеле

❷ a. на лбах b. в мыслях c. в рубашках d. в такси e. на шеях f. в пижамах g. в кафе h. на морях

❸ a. 2 b. 1 c. 3 d. 2 e. 2 f. 3 g. 1

❹ a. Мы сидим в креслах. b. Они сейчас в школах. c. Дети стоят на площадях. d. В зданиях есть двери.

❺ в : музее, аэропорту, институте, ящике, школе, магазине, карманах, Париже
на : улице, рынке, работе, полу

❻ a. Таня в Праге, *Tania est à Prague.* b. Никита в Лондоне, *Nikita est à Londres.* c. Сева в Риме, *Siéva est à Rome.* d. Лиза в Барселоне, *Lisa est à Barcelone.* e. Лука в Варшаве, *Louka est à Varsovie.* f. Оля в Москве, *Olia est à Moscou.* g. Вова в Санкт-Петербурге, *Vova est à Saint-Pétersbourg.* h. Катя в Пекине, *Katia est à Pékin.*

❼ a. Она в театре, *Elle est au théâtre.* b. Он в больнице, *Il est à l'hôpital.* c. Они на концерте, *Ils sont au concert.* d. Она в университете, *Elle est à l'université.* e. Он в офисе, *Il est au bureau.*

❽ a. в феврале b. в марте c. в апреле d. в мае e. в июне f. в июле g. в августе h. в сентябре i. в октябре j. в ноябре k. в декабре

❾ a. Кому b. чём c. кем d. Кого e. Чего f. Что g. кого

❿ a. на работе, *au travail.* b. в ресторане, *au restaurant.* c. на дискотеке, *à la discothèque.* d. в школе, *à l'école.* e. на кухне, *dans la cuisine.* f. дома, *à la maison.*

17. Le génitif singulier et pluriel

❶ a. краба b. шеи c. рубашки d. француженки e. чая f. вилки g. колеса h. звезды i. ночи j. галстука

❷ a. бабушки b. школы c. врача d. больницы e. отеля f. дома g. здания

❸ a. 2 b. 1 c. 3 d. 3 e. 2 f. 1 g. 1 h. 2

❹ a. стаканов b. колец c. мячей d. слов e. рублей f. площадей

❺ a. воды b. лекарств c. риса d. мальчика e. журналов f. отпуска g. гостей h. сумки i. вечера

❻ a. сестра b. корова c. дверь d. рубашка e. земля f. армия g. кровать h. аллея

❼ a. У брата нет вин. b. У Виктора нет идей. c. У него нет ламп. d. У дамы нет собак. e. У Саши нет сыров. f. У соседа нет кресел. g. У учителя нет книг. h. У подруги нет зеркал.

❽

Один/Одна/Одно	Нет	Много
яблоко, *pomme*	яблока	яблок
море, *mer*	моря	морей
рубашка, *chemise*	рубашки	рубашек
машина, *voiture*	машины	машин
письмо, *lettre*	письма	писем
улица, *rue*	улицы	улиц
кольцо, *anneau*	кольца	колец
идея, *idée*	идеи	идей
гость, *invité*	гостя	гостей
врач, *médecin*	врача	врачей
станция, *station*	станции	станций

❾ a. У них сегодня нет занятий. b. У вас нет билетов. c. У него нет проблем. d. В магазине нет карандашей. e. Здесь нет людей. f. У тебя нет сомнений. g. В киоске нет журналов. h. Нет новостей.

❿ a. вина b. колбасы c. молока d. сахара e. масла f. мяса g. конфет h. овощей i. яблок j. шоколада

18. L'accusatif – La localisation avec ou sans mouvement – Les adverbes

❶ a. сыр, *fromage* b. шею, *cou* c. бабочку, *papillon* d. молоко, *lait* e. собаку, *chien* f. море, *mer* g. коня, *cheval* h. дочь, *fille* i. волну, *vague* j. брата, *frère*

❷ a. готовит b. смотрю c. любит d. читает e. пьют f. слушает

❸

читать – книга	Я читаю книгу.	→ *Je lis un livre.*
писать – письмо	Мы пишем письмо.	→ *Nous écrivons une lettre.*
хотеть – кот	Я хочу кота.	→ *Je veux un chat.*
звать – своя сестра	Она зовёт свою сестру.	→ *Elle appelle sa sœur.*
понимать – я	Ты меня понимаешь?	→ *Tu me comprends ?*
знать – вы	Мы вас знаем.	→ *Nous vous connaissons.*
есть – рыба	Вы едите рыбу?	→ *Mangez-vous du poisson ?*

SOLUTIONS

4 a. Президента b. Курицу и рис c. Катю и Олега d. Сигару e. преподавателя

5 Где? : в лесу – на работе – дома – в музее – в саду – на море
Куда? : в университет – на почту – в отель – на улицу – в Москву – в Париж

6 a. в понедельник b. во вторник c. в среду d. в четверг e. в пятницу f. в субботу g. в воскресенье

7 a. снять комнату – 3 b. знать правила – 6 c. смотреть комедию – 1 d. считать деньги – 7 e. ходить в библиотеку – 5 f. узнать старого друга – 2 g. решать проблемы – 4

8 a. родителей b. окна c. котов d. розы e. сестёр f. часы g. врачей h. дома i. газеты j. подруг

9 быстро, всегда, редко, иногда, часто, никогда, рано, поздно

10 a. часто b. весело c. иногда d. никогда e. поздно f. плохо g. рано h. редко

19. L'instrumental – L'accord des nombres

1 a. крокодилом b. ручкой c. тётей d. гриппом e. человеком f. зданием g. пингвином h. карандашом i. печью j. чаем

2 a. бутылками b. утюгами c. кораблями d. свечами e. сапогами f. деньгами g. звёздами h. красками i. идеями j. зимами

3 a. врачом [stats vratchom] b. друзьями [sprits zdrouziami] c. учителем [rabotat outchitiliém] d. соседями [razgavarivats ssassiédiami] e. коллегой [rougatsa skalliégaï] f. человеком [paznakomitsa stchilaviékam] g. плаванием [zanimatsa plavani-iém] h. фломастером [pisats flamastiram]

4 a. Раньше он работал юристом. b. Я давно живу с тобой. c. Однажды дети будут родителями. d. Сейчас Оля пишет карандашом. e. Ты постоянно говоришь с собакой.

5 a. братом b. идём c. теннисом d. ходит – мамой e. офисе f. идёт – мной g. Хочешь – нами h. удовольствием i. спортом

6 a. 2 b. 4 c. 7 d. 6 e. 1 f. 3 g. 8 h. 5

7 a. заходите b. Отстань c. Забудь d. Бегите e. Заходи f. иди g. Дайте h. Замолчи i. Отдай

8 a. 3 b. 1 c. 1 d. 2 e. 3 f. 1 g. 3 h. 1 i. 2

9 a. часов b. ночи c. рублей d. кресел e. подруги f. пара g. рубашек h. карандашей i. ламп

10 a. суп b. сыр c. лук d. хлеб e. мясо f. краб g. масло h. арбуз i. сахар j. огурец k. яблоко l. курица m. помидор n. колбаса o. шоколад p. картофель

20. La déclinaison des adjectifs – L'accord des ordinaux

1 a. сильного папу b. круглого колеса c. красивой девушке d. тяжёлом дне e. простым ответом f. интересной книге g. счастливого детства h. глубокий пруд i. тёмном углу j. сложной задачи k. грустной песне

2 a. 1. французской 2. центральном 3. Красной b. 1. младшим 2. новой 3. спортивным

3 какой? : синий – чёрный – фиолетовый – розовый
какая? : коричневая – оранжевая – зелёная – бордовая
какое? : красное – голубое – жёлтое

4 a. русской b. серый c. большую d. высокого e. весёлую f. новом g. главным

5 a. важной b. детский c. дорогие d. грустную e. вкусных f. странной

6 a. погода – погода – тепло – нет b. погода – вчера – Вчера – дождь – снег c. Какая погода – радио – пурга

7 a. тихий b. кот c. мальчик d. голова

8 a. вторую станцию b. нулевом километре c. шестого дела d. первого мужа e. сотым разом f. одиннадцатому приглашению

9 a. Aujourd'hui, il fait froid, il pleut et il y a du vent. b. Je veux cette poire verte. c. Fais-tu du sport ? – Oui, du foot. d. Il a deux livres et cinq cahiers. e. Le matin, nous buvons beaucoup de lait. f. Tu regardes la télé tout le temps… – Laisse-moi tranquille, s'il te plaît ! g. Quelle musique forte !

10 a. Маше b. большая c. школу d. музыкой e. домом f. тепло g. идёт h. холодно i. автобусе j. остановку

Crédits iconographiques

Fotolia : Sentivo : 45, 29 – **Shutterstock** : Aleutie : 65, 12b ; alexokokok : 45g ; Anastasia Boiko : 13bd ; andromina : 45hd ; Aniwhite : 3hd, 12hd ; ankomando : 40bm, 79hg ; AnnaFrajtova : 26hd ; AnthonyKrikorian : 10b, 95 ; AnutaBerg : 57m ; arbit : 70 ; ARTBALANCE : 13m ; Artisticco : 15(tomate), 42m (tomates) ; asantosg : 7b ; barberry : 13g ; Barmaleeva : 97d ; belkatt : 15, 42m ; benchart : 20h (lit) ; Beresnev : 34b, 42g, 88b ; Blablo101 : 6b, 89 ; BoBaa22 : 20 ; Chaliya : 77 ; Chernoskutov Mikhail : 118 ; Dashikka : 27hd, 92 ; davorana : 97g ; Delcies : 20, 115 ; derter : 29hg ; Dooder : 64md, 76 ; ekler : 59md ; Ellegant : 17b ; Eloku : 101 ; Evellean : 17b, 24bd ; Evikka : 48hd ; Fotinia : 100 ; FredHo : 70m (lit) ; graphic-line : 109 ; grossishut : 24hd (Madrid) ; gst : 42 (lait), 104 ; Huza : 108 ; IconicBestiary : 122 ; Incomible : 3b, 20, 48bd, 49, 85, 114 ; inithings : 36hd, 112 ; jesadaphorn : 57g, 79b, 99 ; johavel : 64g ; JuliaTim : 46, 105 ; karawan : 110bg ; Kavoon : 107hd ; KissBeetle : 20 (nez) ; kmlmtz66 : 6 ; Kseniia Voropaeva : 19, 20m (voile) ; LanaN : 14 ; liskus : 25b ; LorelynMedina : 44 ; Lyudmyla Kharlamova : 110 ; Macrovector : 11, 20 (vache), 24hg, 30b, 32, 34hg, 40, 58, 60hd, 70bd, 70hd, 72, 83 ; maraga : 42d ; Marina Hernandez : 16h ; Marish : 9, 121 ; mart : 15 ; MartialRed : 36md ; Marzolino : 47, 102 ; silanti : 42gh ; skyclick : 40m ; SmartDesign : 82b ; Spreadthesign : 22, 36g ; Stocklifemax : 73 ; stockshoppe : 60, 45 (nuage), 120hd ; Tomacco : 11 (guitare), 17, 16m ; tuksapornrattanamuk : 24g ; valeriya_sh : 43b ; Vectorpro : 3gm, 7, 10, 11, 19, 21, 23, 24, 26, 30, 31, 33, 43, 47, 52, 56, 61, 63, 79, 84, 86, 87, 90, 94, 97, 98, 113, 108bm ; venimo : 66 ; venimo : 16g ; venimo : 45bd ; VisualGeneration : 14b, 77 ; What'sMyName : 120 ; MaschaTace : 15, 42hd, 67, 107 ; Max Griboedov : 53 ; melissa held : 37 ; Micra : 13hd ; Millena : 40hg ; Minur : 12 ; mirrra3 : 55 ; Miuky : 35, 59 ; MSSA : 16, 28, 54, 88md ; Mushakesa : 11 (ananas) ; mything : 13hg, 15 (banane) ; Naddya : 11 (rose) ; Natalia Aggiato : 27b ; Naty_Lee : 24d ; Nevena Radonja : 68 ; NotionPic : 64 ; Olga1818 : 18, 25m, 29hd, 33hd, 38, 47b, 50, 64d, 86, 91, 96, 111, 108hd ; olillia : 11, 15, 28gh, 103 ; OSIPOVEV : 19b ; pgvector : 57d ; RedlineVector : 11 (girafe) ; Redmonkey : 23hg ; Rimma Rii : 40gb ; Rvector : 15 (celeri), 29bg ; sayhmog : 40md ; Sentavio : 47,

TABLEAU D'AUTOÉVALUATION

Bravo, vous êtes venu à bout de ce cahier ! Il est temps à présent de faire le point sur vos compétences et de comptabiliser les icônes afin de procéder à l'évaluation finale. Reportez le sous-total de chaque chapitre dans les cases ci-dessous puis additionnez-les afin d'obtenir le nombre final d'icônes dans chaque couleur. Puis découvrez vos résultats !

	🙂	😐	🙁		🙂	😐	🙁
1. Alphabets, lettres, sons				11. La conjugaison du deuxième groupe — Les chiffres			
2. Lisons ensemble				12. La négation — Le verbe être — Les verbes réfléchis — Les ordinaux			
3. Le nominatif, le masculin singulier, animé-inanimé				13. Les verbes de position — Verbes perfectifs et imperfectifs			
4. Le nom féminin singulier — Les mots interrogatifs				14. Les verbes irréguliers — Le passé			
5. Le nom neutre singulier — Les pronoms personnels — La négation				15. La déclinaison des pronoms personnels — Le nominatif — Le datif			
6. Le pluriel des noms masculins — L'incompatibilité orthographique				16. Le locatif — Prénoms et patronymes — Déclinaison des pronoms interrogatifs			
7. Le pluriel des noms féminins — Les pronoms personnels				17. Le génitif singulier et pluriel			
8. Le pluriel des noms neutres — Les adjectifs possessifs				18. L'accusatif — La localisation avec ou sans mouvement — Les adverbes			
9. L'accord en genre et en nombre de l'adjectif				19. L'instrumental — L'accord des nombres			
10. Le verbe au présent et la conjugaison du premier groupe				20. La déclinaisons des adjectifs — L'accord des ordinaux			

Total, tous chapitres confondus...

Vous avez obtenu une majorité de...

Отлично! Excellent !
Vous maîtrisez maintenant les bases du russe, vous êtes fin prêt pour passer au niveau 2 !

Неплохо, Pas mal, mais vous pouvez encore progresser ! Refaites les exercices qui vous ont donné du fil à retordre en jetant un œil aux leçons !

Начните заново. Recommencez. Vous êtes un peu rouillé... Reprenez l'ensemble de l'ouvrage en relisant bien les leçons avant de refaire les exercices.

Conception graphique : MediaSarbacane
Mise en pages : Élodie Bourgeois pour Céladon éditions
Réalisation : Céladon éditions,
www.celadoneditions.com
© 2017 Assimil

Dépôt légal : août 2017
N° d'édition : 4311 - décembre 2023
ISBN : 978-2-7005-0753-9
www.assimil.com
Imprimé en Roumanie par Master Print